山崎泰広

運命じゃない！

「シーティング」で変わる障害児の未来

藤原書店

運命じゃない！　もくじ

Ⅳ　子どもたちの未来のために

カバー・扉デザイン／手嶋正弘

運命じゃない！

「シーティング」で変わる障害児の未来

＊この本に掲載されている図や写真の著作権は、明示されたもの以外は山崎泰広に属します。特に写真については、個人のプライバシーにも関わりますので無許可での使用を禁じます。

＊法の改定を受けて、従来の「養護学校」は「特別支援学校」という名称に変更されつつあります。しかしながらこの本では、私が関わった際の名称を使用しているため、そのほとんどが「養護学校」となっています。現時点では、まだ養護学校という名称の方が一般的であるため、本書では「養護学校」を使用しています。

まえがき

私が「シーティング」と呼ばれる車いす上での正しい姿勢保持の勉強をはじめて、十五年になりました。自分の提供する技術と知識を最新のものにするために、毎年（多いときは数回も）欧米に障害児（者）の姿勢の勉強に行っています。

しかし私は理学療法士でも作業療法士でもありません。ましてや医師でもありません。障害や姿勢に関して私より専門的な方々はたくさんいらっしゃいますし、医学的・科学的に姿勢を研究・分析されている方々も大勢いらっしゃいます。

しかし唯一私がユニークなのは、姿勢にかかわる仕事をしている者にはめずらしく自分自身が身体障害者であること、そして自分の脊髄《せきずい》損傷という障害から脊柱の「側彎《そくわん》」と「円背《えんぱい》」、そして「褥瘡《じょくそう》」（床ずれ）という二次障害に悩まされつづけてきた経験があること。そしてシーティングという技術に出会って自分の二次障害を改善することができ、悩みから解消された体験者のひとりだということです。
自分の二次障害の改善のために学んだ知識や技術を自分自身で試し、その効果を身をもって体験できることで、同じように二次障害で悩まされている障害をもった方たちをお手伝いする際に役立っているのだと思います。

そもそも私とシーティングの出会いは、私自身の入院と手術によるものでした。脊髄損傷の受傷から十年ほど経ったころ、お尻の左側の座骨付近に褥瘡ができました。入院して手術を受けて治しても、またしばらくすると再発してしまいます。「自己管理が悪い」と言われて、がんばって何度もプッシュアップして除圧しても、また再発します。

手術と入院をくりかえしていた私に、知人が渡米して治療することを勧めてくれました。藁《わら》にもすがる思いで私はコロラド州デンバーにある有名なリハビリ専門病院に入院。褥瘡が生じてから通算七回目、二度目の皮弁手術を受けました。
手術自体は日本で受けたものと大差ありませんでしたが、ひとつだけ大きな違いがありました。手術から回復して車いすに座れるようになったとき、シーティング・スペシャリストと呼ばれる特別な教育を受けたＰＴ（理学療法士）がやってきて、車いす上の姿勢について評価して、骨盤の傾きを改善するクッションとバックサポートを提供してくれたのです。

医師とセラピストは私に教えてくれました。

「左側に傾いた骨盤の傾きを治さなければ、左側の坐骨の褥瘡は何度でもくりかえし発生しますよ。治癒のためには、骨盤を正しい傾きに戻すことが不可欠なのです。」

しかしそれまでに七度の手術と通算二十ヶ月以上の入院生活を経験した私には、「褥瘡が治る」ということは信じられませんでした。

しかし、シーティングを受けて車いす上での姿勢を直してもらった私は、二ヶ月間のリハビリと、隣接したアパートでの試験生活を受け、再発の心配がないことを確信しました。日本に帰国した私は仕事に復帰するとともに、自分の人生を変えてくれたシーティングの勉強を開始しました。私の周りには自分と同じように褥瘡の再発で苦しんでいる脊髄損傷者や、変形で困っている脳性麻痺《まひ》者がたくさんいたのです。

一年後に、私にシーティングを提供してくれたシーティング・スペシャリストであるＰＴの女性をアメリカから招いて、シーティング・セミナーを開催しました。まずは身障者の車いすを提供するＰＴやＯＴ（作業療法士）の方たちに、シーティングについて知っていただきたかったのです。

それを三年間五十以上の施設で提供したあと、通訳と実践でつちかった知識と、欧米の講習会に参加して得た最新知識をもとに、自分自身でシーティング・セミナーを始めました。通訳によるセミナーは、時間が倍かかってしまうからです。

まずは自分ができるレベルからと、脊髄損傷者と高齢者の比較的簡単なシーティングから始め、その後さらなる実践と経験を積み、欧米の講習会に何度も参加して知識と技術をみがくことで、障害児や脳性麻痺の方を中心とした重度な身体障害者のセミナーを開催できるようになりました。対象もセラピストから医療・福祉・養護学校・介護関係者向けのセミナーへと拡げていきました。このような私の活動も、日本へのシーティングの考え方の普及の一助になったと自負しています。

そしてこの数年で私がもっとも力を注いでいるのが、「当事者セミナー」と呼んでいる障害児（者）とその家族向けのセミナーです。シーティングについてお話ししたあと、参加してくださった方たちに実際にシーティングの評価とシーティング機器の体験を行なうものです。体験された方全員にシーティングによる姿勢の改善や機能性の向上が見られることから、とても好評を得ています。

しかし当事者セミナーを開催してきておどろいたのは、ほとんどの障害児とその家族が、変形・脱臼《だっきゅう》・拘縮《こうしゅく》・褥瘡などの二次障害を「障害をもって生まれたら避けられない運命」だと考えていることです。確かに、私自身も褥瘡の再発が防げるようになるまでは、「障害を負ったのだからしょうがない」とあきらめていました。

しかし改善は可能だったのです。だから障害児とその家族向けの当事者セミナーでは、二次障害の防止が可能だということに多くの時間をさいてお話ししています。

そんなとき、何人かの障害児のお母さんたちから、セミナーをするにも時間と体力に限界があるのだから、活字にまとめて、より多くの障害児とその家族にこのことを知ってもらうべきだ、とのご意見をいただきました。それが、この本を書くきっかけです。

欧米では毎年のようにシーティングに使う新しい製品が開発され、それにともなって新しい技術が開発され、障害をもった方に提供されます。そして使用者からのフィードバックからまた新しい製品が開発され、新しい技術が生まれます。このようなすばらしい好循環の環境では、数年前に勉強したことが新しい製品と技術によってくつがえされ、古くてまちがった考え方だとされることさえ少なくありません。それほど障害児（者）をとりまく分野では、進歩と技術革新がはげしいのです。

それは私たちのような障害者にとっては喜ぶべきことでしょう。いつも最新の知識にアップデートしているという勉強の裏づけによって、私は自分の提供している技術と製品について自信をもっておすすめできるのだと思います。

しかし、くりかえしになりますが、私はリハビリ関係者でも医療関係者でもありません。それでも毎日のように多くの障害をもった方の姿勢について相談を受け、アドバイスを提供し、必要な車いすやシーティング機器（座位保持装置）を個人にあわせて提供しています。

お手伝いした方々から「こんなによい姿勢がとれるとは夢にも思わなかった」「人生が変わった」「次の目標が持てた」と喜びや感謝の手紙やメールをいただくのは、心からうれしい瞬間です。それが私を勉強に向かわせ、いつも新しい技術と製品を求めさせ、ひとりでも多くの姿勢に悩む人たちの力になりたいとたえず思わせる原動力になっているのです。

いままで障害をもったお子さんの姿勢保持がうまくいかなかった方、姿勢の崩れに困っている方、筋緊張や不随意運動で困っている方、変形・脱臼・拘縮などの二次障害はあきらめるように言われた方、自分の子どもにはもっと高いポテンシャルがあると信じている方、「何とかしたい」と思っている方——そのような方たちにぜひこの本を読んでいただき、お子さんの未来を明るくするきっかけとなっていただければ、うれしいかぎりです。

障害をもったお子さんのご家族の方には、第二章の車いすとシーティングに関する章は、むずかしいところがあるかもしれません。

そのような場合は、とばしていただいて、第三章の「シーティングで人生の変わった子どもたち」や「あとがき」からお読みください。

まず最初に実例集である第三章を読んでいただいてから、障害児の体について考える第一章を読んでいただいてもいいと思います。

車いすとシーティングの章は、後から、必要に応じて読んでいただいてもいいでしょう。

みなさまそれぞれの読み方で読んでいただければ、うれしいです。

序——運命じゃない！

「障害があるから」ではありません

次のページのレントゲン写真は、「二十四時間姿勢ケア」という障害児の家族向けの姿勢管理プログラムを英国で行なっているPTであり、私の姿勢保持の先生でもあるゴールドスミス女史が、セミナーで使用している写真です。側彎が発生してどんどん悪化していくのがわかります。

彼女はこの一連のレントゲン写真を見せたあと、参加者に問いかけました。

「障害児の二次障害の発生は運命なのでしょうか？」

二次障害とは、変形をはじめとする後発的な障害のことです。そのセミナーの受講者にはセラピストも多数いましたが、ＰＴやＯＴでさえ首をひねってしまうほどひど

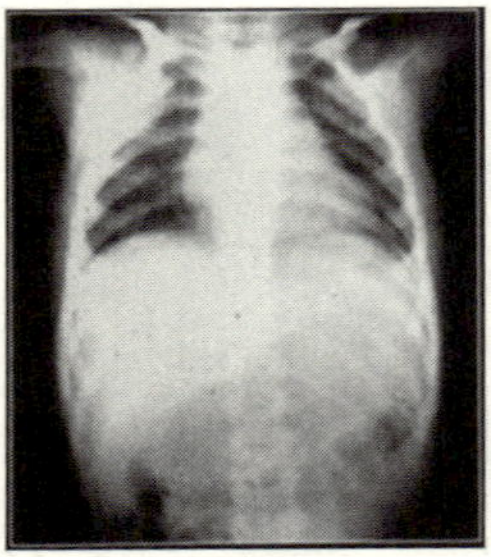

3歳

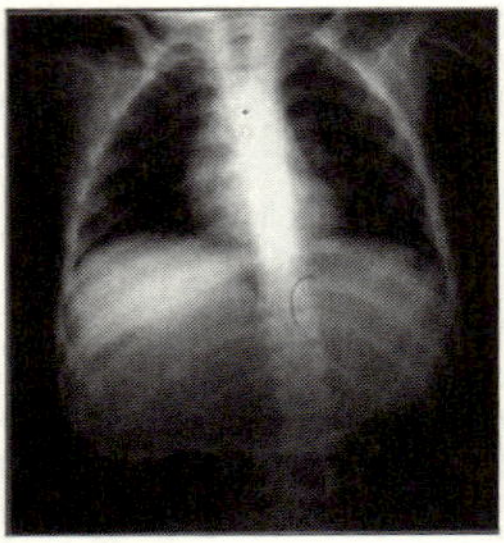

10歳

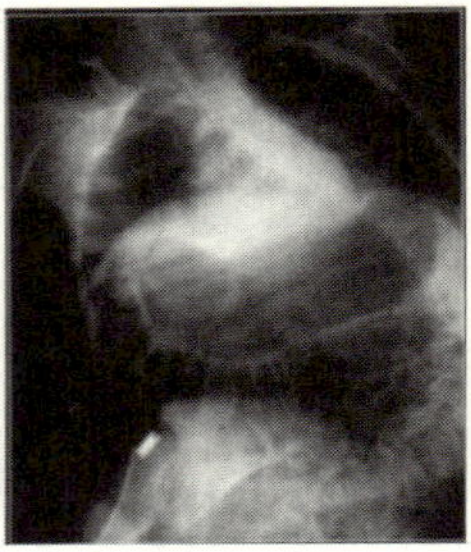

17歳

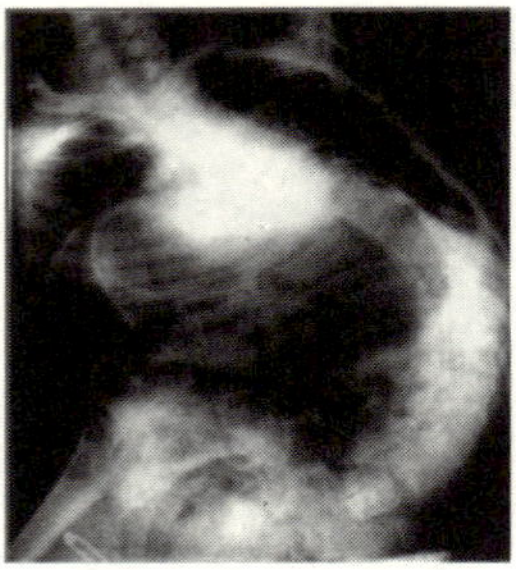

21歳

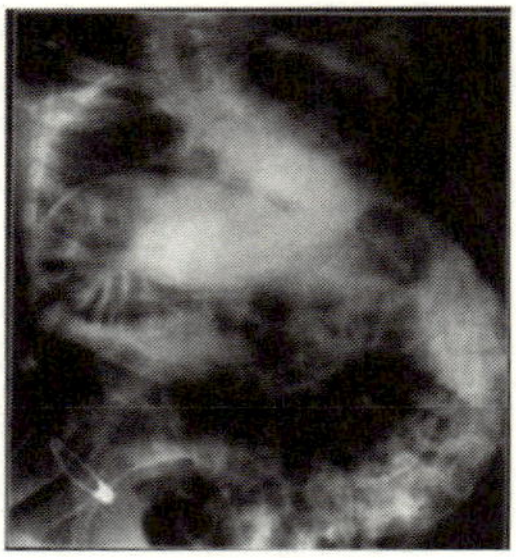

23歳

ある脳性麻痺者のレントゲン写真

く変形した、脳性麻痺者のレントゲン写真でした。

するとと彼女は三歳の時の写真を指さして言いました。

「生まれたときはまっすぐでした。どんな重度な障害者でも、生まれたときに変形はありません。」

たしかにそれは事実だ、とみんなうなずきました。

「**障害があるから変形が生じるのではありません。障害があることで正しい姿勢がとれなくなり、悪い姿勢によって身体が変形するのです。**」

障害そのものが原因であれば、変形・拘縮・脱臼といった二次障害の発生は必然で、予防や防止は不可能かもしれません。実際、そう考えている障害児の家族や関係者が大半です。

しかし、原因が障害そのものではなく、障害があることによって体に残されている筋肉が体を支えるのに不十分だったら、姿勢は崩れます。左右・前後の筋肉のバランスが崩れていれば、筋肉の弱い側に倒れやすくなってよい姿勢は保てなくなってしまいます。筋緊張が強かったり弱かったり、左右や前後のバランスが崩れたりしていても、よい姿勢を保つことはむずかしくなってしまいます。そして陥ってしまう悪い姿勢によって、変形・拘縮・脱臼といった二次障害が発生してしまうのです。

だから、障害児の悪い姿勢を改善して、よい姿勢を保てるようにしてあげることで、多くの二次障害が防止できるのです。

まちがった常識をあらためることから

「そうなのか！」

二次障害の発生について教えられて、私の頭の中で新しい歯車が組みあって動きはじめたような感覚が生じました。それは今まで感じつづけていた疑問の理由と解決策がわかった瞬間でした。

私はそれまでにも多くの障害児の姿勢保持や車いすの調整にたずさわってきましたが、私が二次障害の予防について話しても、障害児の家族や関係者にはどこかあきらめムードがありました。「どうせそんなことしても」「そんなことにお金を使っても」という感じです。

今考えてみると、日本では「二次障害は防げない」「障害をもって生まれたらしょう

障害児に生じる二次障害は、障害があるからではなく
障害による筋肉や緊張のアンバランスが原因です。
障害があることで、正しい姿勢が保持できなくなり、
悪い姿勢によって二次障害が発生するのです。
悪い姿勢を改善して、よい姿勢を保つことで、
多くの二次障害が防止できます。 !

がない」「障害児の身体はどうせ曲がって変形してしまうもの」「股関節の脱臼を繰り返すのも障害があるから」「結局、障害児として生まれた運命に従うしかない」という考えがあたりまえのように存在していたのです。

だから米国で「二次障害は予防できる」という考えのもとに姿勢保持を勉強してきた私と、「二次障害は避けられない」というまちがった常識の中にいた障害児の家族や関係者の考え方がかみあわなかったのです。

まずはこのまちがった常識を変えなければ！

二次障害が防げること、障害をもった子どもでも、健康に発育して生きていけることを知らせなければ！

そう心に決めた私は、自分のセミナーや講習会の

中でこのメッセージを日本の障害児の家族や関係者に伝えはじめました。それからもう数年になりますが、まだまだ力及ばず、全国のほとんどの家族や関係者は「障害をもって生まれたのだからしょうがない」とあきらめているのです。

ぜひ欧米では一般的に考えられているこの考えについて知ってください。この本を書いた理由も、より多くの方にこの考えについて知っていただきたかったからです。

英国の先生のセミナーで、自分自身がＰＴである彼女は、参加者のセラピスト、医療関係者、学校職員そして障害児の家族に対して苦言を呈しました。

「防止できるものを防止できなかったのは、周囲の人間がそれを怠《おこた》ったからだ、とさえ考えられるのです。」

心をひとつに

「まずは、二次障害は防止できると考えるところから始めてください。」

私がセミナーでお願いしている言葉です。障害児の家族、医療・リハビリ関係者、学校や施設関係者、そして福祉事務所や更正相談所など、障害をもった方に関わるすべての人たちが、「二次障害は防止できるのだ」と理解して共通の認識をもつことが不可欠です。

家族が障害児の二次障害の予防や防止をしようとしても、医療やリハビリ関係者が最初からあきらめていては何も始まりません。二次障害の防止のために車いすや座位保持装置を購入するために自治体から支援費の交付を受ける場合も、セラピストの判断や医師の意見書が必要になります。ここでも「二次障害を防止するために」という共通認識が必要なのです。

福祉事務所や更正相談所に理解がなければ支援費（補装具費）は交付されないでしょう。このような立場の方たちにも共通認識が必要です。

さらには学校や施設関係者の協力が得られなければ、障害児の家族がせっかく家庭で適切な姿勢保持を行なっても、学校や施設で姿勢保持のできない状況になっていては何にもなりません。

車いすから降ろしたり、乗せたりするときにも「よい姿勢とは何か？　そのためには何を注意すべきか」を知らないと、障害児の姿勢は悪い姿勢に逆戻りしてしまい、変形・脱臼・拘縮などの二次障害を発生させたり悪化させたりしてしまいます。

障害児に関わるすべての人が「二次障害は防止できる」と考えなければ何も始まり

ません。最初からあきらめるのではなく、あきらめる前に試してほしいのです。

「二次障害は防止できる」とみんなが考え、実践する立場の人たちはそれに必要な知識と技術を身につけて実践すれば、ほとんどの障害児の二次障害は予防、または悪化の防止ができるはずです。

I 障害児のからだ

II 車いすとシーティングで変わる
変形・拘縮・脱臼・緊張への対応

III シーティングで人生の変わった子どもたち

IV 子どもたちの未来のために

はじめに――こわれやすい障害児の体

人間の体は水分が全体の約六〇%を占め、残りが組織です。簡単に考えると、人間の体は水の入った風船のようなものなのです。

健常者の場合、正常な筋肉がそれを支えています。しかし麻痺や筋肉のアンバランスがあると、身体はゆがみやすくなります。

水の入った風船を両側から手で押さえてみます。この状態は体が筋肉で押さえられている状態を示しています。しかし片側の手を放すと、そちら側の風船はポコリとふくらんでしまいます。片側の筋力が失われたり弱かったりする障害児はこれと同じような状態にあるのです。

このとき、風船に描かれた背骨や肋骨《ろっこつ》にもゆがみが生じています。筋力のバランスが崩れている障害児の体も片側に脊柱や肋骨（胸郭）が押されます。姿勢と身体にかかる重力によってその力はさらに強いものとなり、体に影響を与えます。その結果、側彎や胸郭の変形が生じてしまうのです。

このようにして変形が生じてしまった障害児の大半は「障害があるのだからしょう

がない」と言われて、そのままの状態にされていました。適切な予防や悪化の防止が行なわれていませんでした。だから変形をはじめとするさまざまな二次障害が生じてしまっていたのです。

しかし問題は、筋肉が失われたり弱くなったりバランスが崩れたりしていて、自分の体を自分自身の筋肉で保持することができないということなのです。

この姿勢と身体にかかる重力による影響を防止するために、障害児には、失われた、または不十分な筋肉のかわりに身体を保持してくれるものが必要となります。それが、シーティングをはじめとする姿勢保持で使用する機器なのです。

これらの姿勢保持のための機器には、さまざまなものがあります。片側に傾く体を支えて変形を防止する「ラテラル（体側）サポート」や頭部を保持する「ヘッドサポート」は、倒れる体や頭を直接的に保持する機器として使用されています。

ずり落ち姿勢を防止する、臀部《でんぶ》の形状に沿った形の「コントゥア・クッション」や安定性を背面から提供する「バックサポート」も、姿勢保持には欠かせない機器です。

体を保持する、さまざまなタイプのポジショニング・ベルトは、体を支えるだけではなく、筋緊張のコントロールにも欠かせないものです。

これらの機器はすべて、筋肉が失われたり弱かったりバランスが崩れたりしていることによって自分自身で姿勢を保持できない障害児の「筋肉の代わり」として使用することで、よい姿勢を保持するためのものなのです。

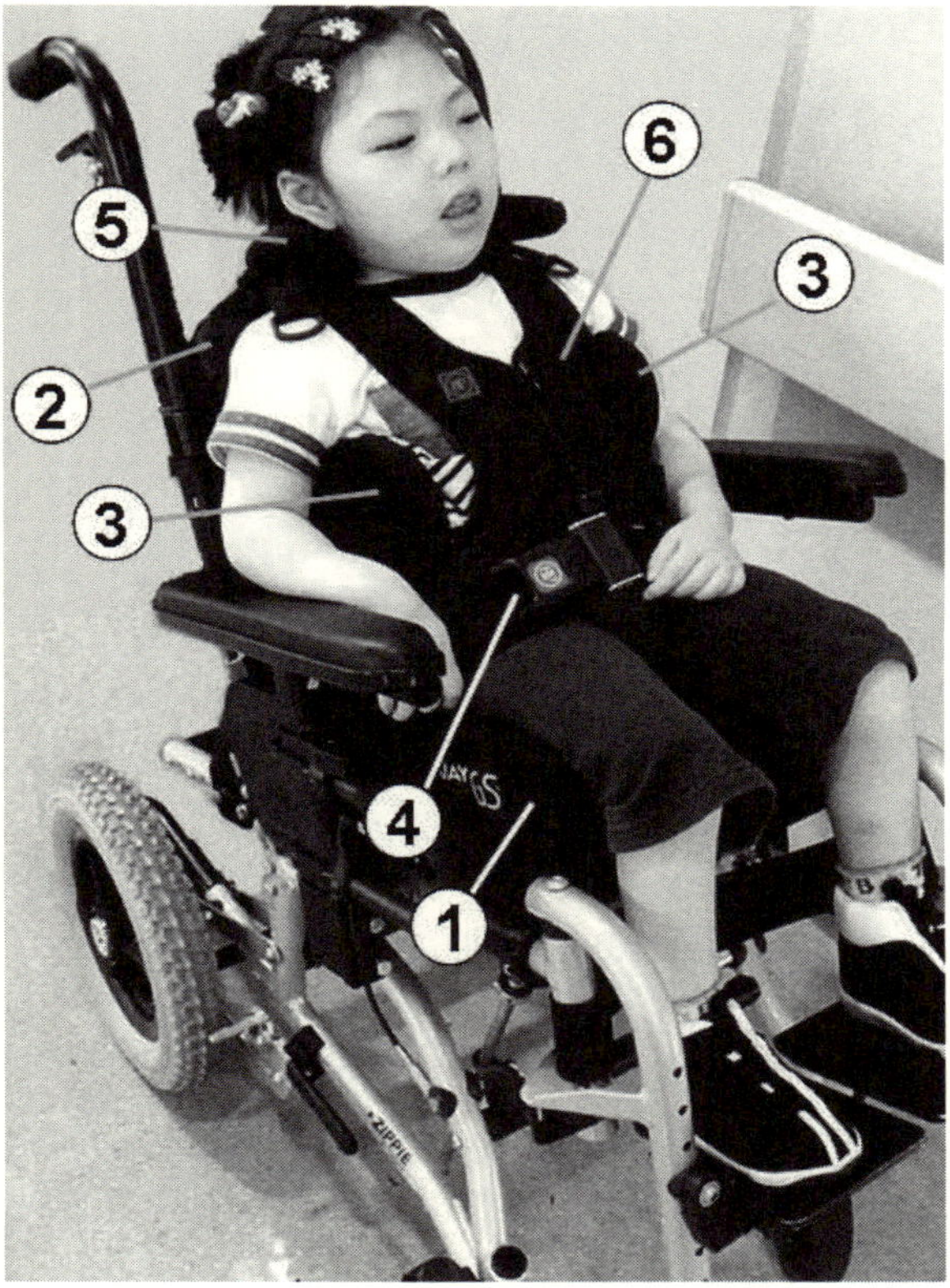

姿勢保持のためのシーティング機器の使用例

① コントゥアクッション……ずり落ちを防止、骨盤を適切に保持
② バックサポート……後方からの保持と最適な角度を提供
③ ラテラルサポート……側彎の悪化の防止と体幹保持
④ 骨盤ベルト……骨盤保持と筋緊張の緩和
⑤ 三点型のヘッドサポート……首と後頭部を保持
⑥ 伸縮性のある体幹ベルト……動きを制限せずに体を保持

1　よい姿勢、悪い姿勢——重力の影響

「重力」を敵とするか、味方とするか

障害児の姿勢に大きな影響を与えるのが「重力」です。シーティングの勉強に行くと、姿勢を考えるときに「重力」に注目すべきだと教えられます。しかし一般的には重力について考えることもなければ、その影響を感じることもありません。

健常者であれば、身体のすみずみに正常な筋肉があるので、自分にかかっている重力の存在に気がつくことはないのです。しかし障害があると、自分自身で体を支えるための充分な筋肉が失われたり弱くなったりしています。腹筋、背筋、首、腰、足などの筋肉が衰えたり麻痺したりしているので、自分自身を内側から支えることができません。そこに上から重力がかかってくると、重力に負けてしまい、重力に対して身

体を保つことができなくなって、姿勢が崩れてしまうのです。崩れた姿勢によってゆがみが発生し、たびかさなる回数と時間によってゆがみは変形になり、固定された変形になってしまいます。障害がある者にとって、重力は絶大な影響を与えるおそろしい存在なのです。

重力の存在すら実感できない健常者の方々は、疲れ果てたときを思い出してみてください。そのようなときは無意識ではなく意識的に姿勢を保とうとしていたはずです。首を持ち上げて視線を上げて前を見たり、背筋を伸ばして座ったりすることはむずかしかったでしょう。筋肉がおとろえたり失われたりしている障害児は、いつもそのような状態に置かれていて重力と戦っているのです。

重力を敵とするか味方とするか？
健常者と障害者は違います。
！

有害な姿勢

重力によって姿勢が崩れて、体に害が生じる姿勢を「有害な姿勢」と呼びます。英語では「Destructive Posture」といい、「破壊される姿勢」と訳すこともできる、とても強い意味をもった言葉で

勢です。

もっとも目にすることの多い有害な姿勢は、左右非対称な姿勢と前後に倒れた姿勢です。

左右非対称な姿勢とは片側に倒れた姿勢のことです。少しでも片側に傾いたり倒れたりしていれば、重力の影響が直撃します。重力によって「傾き」は「倒れ」になります。意識のある障害児であれば、本能的に頭を骨盤の上に戻して安定性を得ようとしますが、この姿勢によって側彎が発生します。

体が前に傾いていたり、頭が前に落ちていたりしている姿勢も有害な姿勢です。上からの重力の影響によって頭と体はさらに前に倒れていきます。この姿勢によって背骨はバナナ状に曲がっていきます。「円背」と呼ばれる変形です。高齢者に多い変形ですが、前に倒れる姿勢によって多くの障害児に生じている変形です。

前に倒れる姿勢から逃れるために安定性を得ようとして、お尻を前にずらして座る障害児も多く見かけます。この「ずり落ち姿勢」も有害な姿勢です。

円背が生じてしまうと、安定した姿勢を得るためにはお尻を前に出すか、背もたれをたるませて円背部分を後ろに逃がそうとしますが、どちらの姿勢も「ずり落ち姿勢」に変わりはなく、円背はさらに悪化し、視野の確保はむずかしくなり、飲み込みや呼吸にも影響が生じてきます。

背布をたるませる方法も円背の対処でしかなく、安定性は得られるものの円背は重力と背布のたるみによってどんどん悪化していきます。

障害児の姿勢が「有害な姿勢」になってしまう原因は、重力に対して体を保持するための充分な筋力が失われているからです。健常者は筋力によって自分自身を内がわから安定させることができますが、麻痺があったり筋力がおとろえたりしている障害児はそれができません。

さらに健常者は腿《もも》の裏にもお尻にも十分な肉や筋肉があるので、腿からお尻にかけての肉がひとつの大きな塊のようになっていて、座位での安定性を提供します。

しかし障害児（者）の場合、腿の裏の筋肉が衰えたり失われたりしているので、健常者とは異なって腿と臀部（大腿骨と坐骨）の高さに違いが生じます。その結果、とても不安定な状態になります。そして安定性を得るために骨盤を後ろに倒して、ずり落ちた姿勢で座ってしまうのです。

支持された姿勢

そのような理由から、障害児は健常者のようにまっすぐなよい姿勢で座ることは困難です。そのために座面や背面を工夫して身体を保持したり、倒れる側にラテラルサポートなどを使ったりして姿勢を保持することが不可欠となります。そのような機器を駆使しないと正しい姿勢で座ることはとても困難なのです。ここで使用するコントゥア・クッションやバックサポート、そしてラテラルサポートは、失われた筋肉の代わりに体を支えて有害な姿勢を防止するためのものなのです。

もっと重度な障害になれば、ポジショニング・ベルトやヘッドサポートなどの二次サポート製品も使用します。

このようにシーティング機器や二次サポート製品を使用して「有害な姿勢」を防止し、障害児の体に姿勢や重力の悪い影響がかからないように保持した姿勢を「支持された姿勢」(Supported Posture) と呼びます。少なくとも「重力」を「敵」とならないようにするのです。シーティングをひとことで言えば「有害な姿勢」を「支持された姿勢」に変えて姿勢と重力の影響がかからなくすることなのです。

障害児と健常児は違います

障害児と健常児の違いについて理解することも、とても大切です。多くの障害をもったお子さんには、健常児の兄弟（姉妹）がいます。ご両親はお子さんたちに同じように愛情を注ぎ、同じように育てることが大切だと考えています。もちろんそれはすばらしい考え方なのですが、姿勢に関して考えると、同じようにさせてはダメなのです。姿勢に関しては「障害児と健常児を同じように育てないでください。」とさえ言えるのです。

健常児は、ある意味、どんな姿勢をとらせてもだいじょうぶです。赤ちゃんの多くは小さいころバギーに乗せられています。ほとんどのバギーは、布製のシートのたるみがハンモックのように体を包みこんで安定性を提供しています。

しかしそのたるみによって、座っている子どもの背中はバナナ状の円背傾向になっています。しかし寝返りのできる歳になっている健常児ならば、バギーから降ろすと本能的に自分自身でうつ伏せになったり背中を反《そ》らせたりして体を伸ばそうとします。これは、健常児が本能的にバギーで受けた悪い姿勢とは逆の姿勢をとって体を戻して

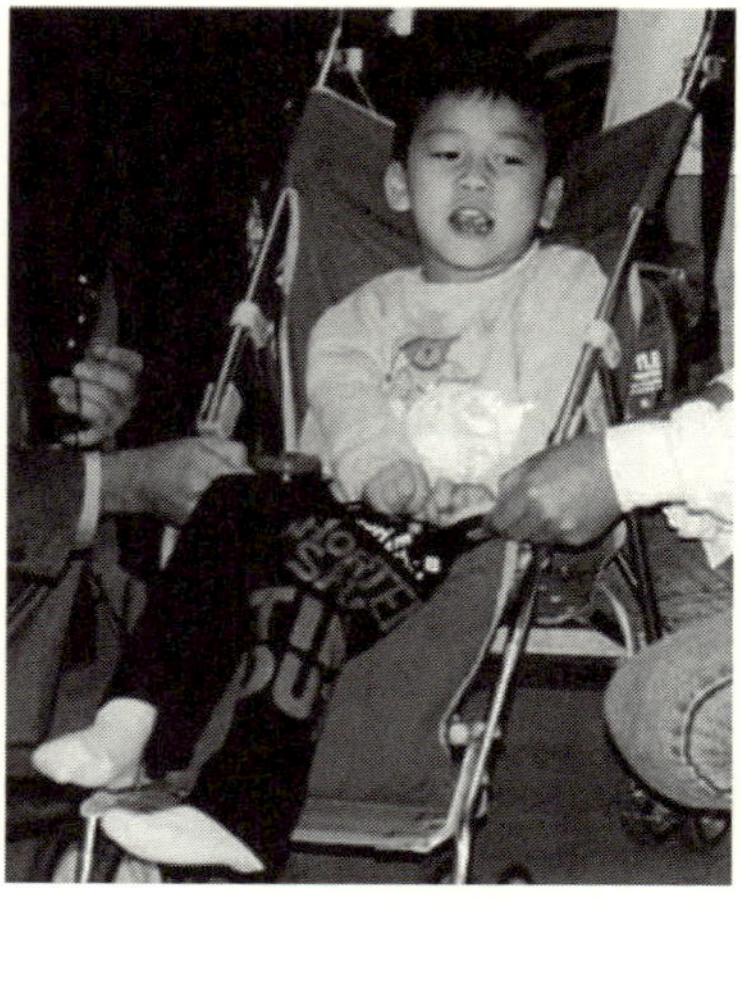

いるのです。このように、健常児は本能的に逆の姿勢をとって姿勢を戻すことができます。

だからベビーベッドやカーペットの上に下ろして自由にさせても問題はありません。本能的にさまざまな姿勢を自分でとるので健常児に変形が生じたり、脱臼したり、拘縮が発生することはないのです。

しかし障害児の場合、障害が重ければ重いほど自分で姿勢を変えることはできません。自分で姿勢を変えようとしない子どももたくさんいます。重複している知的障害や情緒的な障害が姿勢を変えさせなかったり、さらに悪い姿勢にさせたりすることもあります。

だから障害をもった赤ちゃんをバギーから降ろしても、自分から逆の姿勢をとることはなく、背中が曲がった円背姿勢のまま横向きに寝てしまうことがほとんどです。障害が重ければ重いほどその傾向は顕著ですが、障害が軽くても障害があると自分で姿勢を変えようとしない子どもがほとんどです。これは障害によって正常な知覚が失われていたり弱かったり、筋肉や緊張のアンバランスがあることが原因です。自分の快適な方向にばかり寝たり座ったりしてしまうのです。

そのかたよった姿勢によって左右の非対称性（アンバランスさ）はさらに増していきます。その結果として、脊柱の側彎、骨盤の片側への傾き、骨盤の回旋《かいせん》、体のねじれ、足が片側に倒れてしまうウインドスエプト変形など、さまざまな二次障害が発生してしまいます。この傾向は、左右の麻痺や緊張の違いが大きければ大きいほど顕著です。

さらに知覚に異常や麻痺があると、健常児なら不快に感じて動いて違う姿勢をとるのに、不快さが感じられないことからその姿勢をとりつづけてしまいます。正常な知覚があれば痛みや不快感というサインによって姿勢を変えて痛みのある部分を浮かしたり位置を変えたりします。だから異常な力がかかりつづけて、体に影響を与えることはありません。股関節や膝関節、そして足関節などに強い力（ストレス）がかかっていれば、違和感を感じた時点で足や体の向きを変えて力のかかり方を変えます。だから影響はないのです。

しかし知覚の異常や麻痺がある場合、いくら長い時間同じ姿勢をとりつづけても平気なのです。悪い言い方をすれば、「痛くもかゆくもない」のです。しかし関節にむりな力がかかっていることに変わりはないのですから、それが長時間続いたり、強い筋緊張がそれに加わったりすれば、亜脱臼や脱臼を引き起こしてしまいます。

健常児と同じように育てたら、変形が避けられないのは事実です。！

何度も脱臼してしまう障害児や脱臼しっぱなしの状態にされている障害児がたいへん多いのは事実です。その原因も身体に障害があるからではなく、悪い姿勢をとりつづけていることなのです。私自身、まさにその症例となる体験をしています。

私の有害な姿勢

私は車を運転するとき、ハンドコントロールと呼ばれる手動装置を使ってアクセルやブレーキを操作しています。脊髄損傷者は足に「痙性《けいせい》」と呼ばれる緊張が出ることがあります。緊張で伸びた右足がアクセルペダルの上に乗ってしまって暴走する危険性があるため、脊損の運転者はベルトを使ったり足の位置を変えたりとさまざまな工夫をして、足がアクセルペダルの上に乗らないようにして運転しています。

あるとき私は右足を左足の上に組むと痙性を抑えられることを発見し、足を組んで運転していました。自分ではとてもよい方法を見つけたと思っていたのです。しかし一ヶ月ほど経って友人と撮った写真を見てびっくり！　自分の右足が外側に倒れていたのです。「何で足が倒れているんだろう？」

その後、写真を撮る際には足を内側に押し戻してからポーズをとっていました。しかしどの写真も、私の右足は外側に倒れていました。車の運転時の足を組んだ姿勢によって、股関節に外転・外旋の強い力がかかり、変形が生じていたのです。右股関節は亜脱臼寸前でした。

「有害な姿勢」で変形してしまった私の右足

感覚のある人だったら、足を組んで二〜三分もしたら足を組み替えるでしょう。しかし麻痺があると、どんなに長い時間同じ姿勢をとっていても痛みも違和感もないのです。

私自身、足を組んだまま二〜三時間続けて運転することもよくありました。発赤でも生じていれば気にしたかもしれませんが、それもなかったので気にもしませんでした。事の重大さに気づいた私は、クッションの右側に外転を止めるパッドを入れるとともに、数万円をかけて車のアクセルにカバーをつける改造をしてもらい、現在では足をまっすぐに伸ばして運転しています。

よい姿勢が大切な理由

このように障害があると、健常者には考えられないような姿勢を長時間とりつづけてしまうことがあるのです。これが体の変形、拘縮、脱臼といった二次障害の原因となります。

養護学校の先生や施設職員など、障害児にかかわっている方に私が伝えたいのは、障害児が前に倒れたり、ずり落ちたり、片側に傾いたりして悪い姿勢でいるのを見つけたとき、「自分もときどきあんな姿勢をとることがあるから」と思って片づけないでほしいということです。

健常者はどんな姿勢をしていても問題になりません。悪い姿勢をしていても、好きな時にいつでも姿勢を変えることができるからです。無意識のうちに、それまでとは逆の姿勢をとったりして、体に害を与える同じ姿勢を長時間とることはありません。だからどんな悪い姿勢をしていても問題にならないのです。

しかし障害児の場合、もしかすると二時間三時間、へたをすると数時間、目を離していたら一日中同じ姿勢をとっていることさえあるのです。そして私が経験したように、体の変形・脱臼・拘縮といった二次障害は、悪い姿勢をとりつづけることで簡単に生じてしまいます。自分で姿勢を変えられない場合、または変えようとしない場合、第三者が積極的によい姿勢をとらせることが必要なのです。

よい姿勢なら、ずっととりつづけていても悪いことはありません。しかし健常児がさまざまな姿勢をとるように、障害児にもいろいろな姿勢をとらせてあげることが推奨されています。その中には悪い姿勢（有害な姿勢）が含まれているかもしれませんが、悪い姿勢をとった後には必ず逆向きの姿勢で戻し、よい姿勢でいる時間を大半にすればだいじょうぶです。

大切なのは、体にダメージを与える悪い姿勢（有害な姿勢）で長時間放置しないことなのです。

いわゆる「よい姿勢」は障害児にとってむずかしい姿勢だと考えられていました。

しかしシーティングの技術と機器を使えば快適でありながらよい姿勢をとることは可能なのです。

「よい姿勢＝筋肉を使わなければできないむずかしい姿勢」ではありません。これについては車いすとシーティングの章でくわしくお話しします。

ゆがみの修復

障害児が直面するさらなる問題は「ゆがみの修復が行なわれない」ことです。健常者の場合、たとえば寝違えてしまった時のように、就寝時などに悪い姿勢をとって体にゆがみが生じてしまっても、起きて一日動いて活動しているうちにいつの間にかゆがみが元に戻っています。健常者であれば、体にバランスのとれた正常な筋肉があるので、ゆがみが生じても完全な修復が行なわれるのです。

しかしこの修復は麻痺があると完全には行なわれません。障害や麻痺があるとゆがみを修復するための正常な筋肉が充分に働かないため、体にゆがみが残ってしまうのです。そして同じような悪い姿勢をくりかえしとりつづければ、ゆがみは悪化して変形となり、変形は悪化して固定された変形になってしまいます。

私のように下半身だけの麻痺であれば、上半身のゆがみの修復はある程度行なわれます。しかし麻痺のある下半身に生じるゆがみの修復は行なわれません。この修復の問題は、右半身麻痺、左半身麻痺、全身麻痺と障害が重ければ重いほど、麻痺の部位が多ければ多いほど明らかであり、修復が行なわれないことで変形が発生する危険性が高くなります。

この理論に関しては、私の姿勢保持の先生であるゴールドスミス夫妻が英国の医師とともに論文発表しています。("Equilibrium of the sterno-spinal line and distortion of the immobile chest" by John and Liz Goldsmith and Dr. David Hill.)

障害のある方のゆがみの修復をうながすためには、積極的に身体を動かしたり、ゆがみが生じた姿勢とは逆の姿勢をとったり、さまざまな異なった姿勢をとることが大切です。自分で体を動かせない場合は、家族や介助者などの第三者が他動的に体を動かしてあげることが大切です。動かしてあげなければ、まちがいなく体のゆがみは固まって固定された変形になってしまいます。ゆがみが生じた姿勢とは逆の姿勢をとらせたり、さまざまな姿勢をとらせたりすることも大切です。

シーティングを中心とする姿勢保持では、ゆがみがあっても可動性さえ残されてい

自分で姿勢を変えられるか ？

健常者であれば、
痛みや不快感によって姿勢を変更しますが、
障害者はそれが自分ではできません、
また自分でしようとしません。
正常な筋肉の代わりとして、
外部からの支持が必要となります。

自分でできなければ、
周囲の者が代わりにする必要があります。 ！

れば元に戻すことができますが、ゆがみが固まって固定された変形になってしまうと、治すことは困難になり、悪化の防止しかできなくなってしまいます。

そのような固定された変形の発生を防止するために、悪い姿勢をとらせないことに加えて、体を動かすことが不可欠です。そのために、欧米ではリハビリやレクリエーション、そして運動やスポーツを活用しています。

2　二次障害は防止できる

二次障害とは

身体障害者の二次障害とは、「**障害を負った後に、時間が経過するとともに後天的に生じる障害のこと**」です。生まれつきの障害児でも、中途障害者でも、高齢者でも、二次障害が発生する危険性があります。

二次障害にはさまざまな問題や症状があります。その中で、姿勢と密接な関係のあるものには以下があります。（右横に番号をふったものは、項末に注があります。）

・脊柱の変形(1)……側彎・円背・前彎など
・胸郭の変形(2)……下部肋骨の突出など

- 頸部の変形[3]……前彎・後彎・側彎など（首が前後または左右に倒れて変形すること）
- 股関節の拘縮と変形[4]……内転・外転・内旋・外旋・ウインドスエプトなど
- 脱臼・亜脱臼……股関節など
- 拘縮……股関節・膝関節・足関節など
- 足部の変形[5]……尖足・内反・外反など
- 褥瘡[6]……お尻・背中・かかとなどの骨張っている部位
- 痛み……肩・首・腰・肘・手首など
- 異常な筋緊張……高緊張・低緊張
- 呼吸器系・消化器系・循環器系の機能の低下や疾患の発生
- 口腔嚥下機能の低下[7]……誤嚥、むせ、痰《たん》がからまることなど

などなど

これらの症状が悪化することで、動作や機能の低下や障害の悪化、さらには精神的な問題につながることさえあります。

一般的に、二次障害は高齢化にともなって発生すると考えられていますが、年齢の

低い障害児に発生しているケースも少なくありません。私が関わったケースでは、二歳に満たないのに円背が生じているお子さんもいました。

脳性麻痺（CP）や小児麻痺（ポリオ）の二次障害がよくとりあげられますが、脊髄損傷、二分脊椎、下肢切断（者）、脳血管障害、脳外傷、筋ジストロフィー、筋萎縮性側索硬化症（ALS）、多発性硬化症（MS）をはじめ、すべての障害の人に二次障害が発生する危険性があります。

〈注〉

変形……骨の形が変わったり、関節のまわりのやわらかい組織が固まったりして、関節の形が変わってしまうこと。

拘縮……骨の形は変わっていないけれど、筋肉や皮膚がかたくなって、関節が動かなくなった状態。

※すべての関節に関して、かたよった姿勢をとりつづけると、関節が動きにくくなり、いずれ拘縮・変形へと進んでいきます。

(1) 脊柱の変形

・側彎……体の前後方向から見たときに、脊柱が横に彎曲して、C字やS字になっている状態です。ねじれが加わることもあります。
・円背……「亀背」や「後彎」とも呼ばれる、背中が曲がって丸まり、バナナ状になった状態。
・前彎……筋ジストロフィーの人の座位に多く見られる、上体が前に倒れて腰部が過剰に反った状態。

(2) 胸郭の変形

・下部肋骨の突出（肋骨の一番下側が出っ張って変形すること）など。

(3) 頸部の変形

・前彎、後彎、側彎など……首が前、後または左右に倒れて変形すること。

(4) 股関節の拘縮と変形

・内転と外転……「内転」は両脚を閉じること、「外転」は両脚が外に開くこと。
・ウインドスエプト……片足が内転、もう片足が外転している状態。内旋・外旋が同時に発生していることもあります。「ウインドスエプト」とは、英語で「(片側から) 風に吹かれて

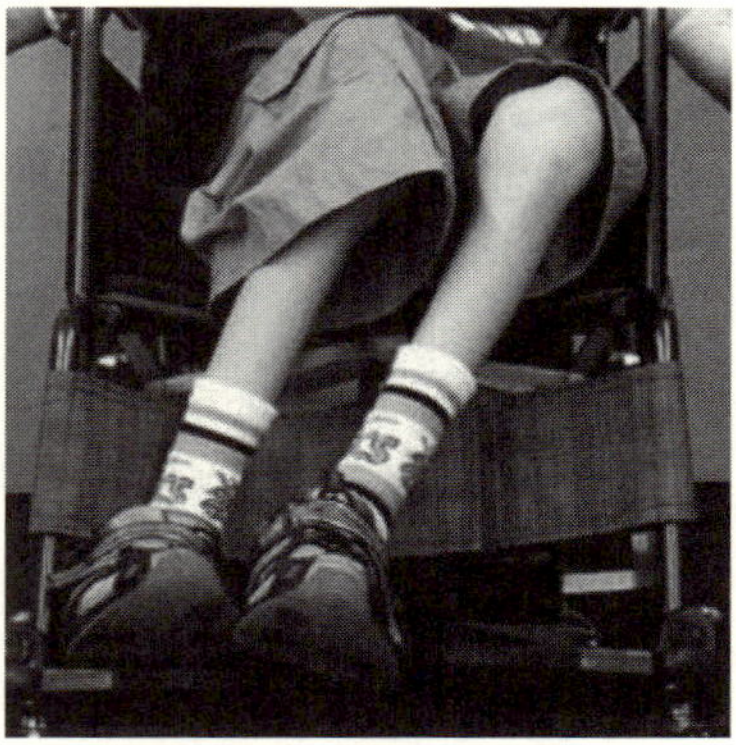
ウインドスエプト変形

押し流された」という意味。

・内旋と外旋……「内旋」は、両脚を内側に回旋する（膝を伸ばした状態でつま先が内側を向く）状態。「外旋」は、両脚を外側に回旋する（膝を伸ばした状態でつま先が外側を向く）こと。

（5）足部の変形

・尖足《せんそく》……アキレス腱が縮んで、足の甲側が伸びて足先が下をむいたまま、もとに戻らなくなった状態。

・内反、外反……「内反」は足の裏が内側を向く状態、「外反」は足の裏が外側を向く状態。

（6）褥瘡

・圧迫により、接触部分の皮膚に血液が十分流れなくなり、その部分の組織が死んでしまった状態。「床ずれ」とも呼ばれる。圧迫による褥瘡とズレによる褥瘡がある。褥瘡には四段階のレベルがあり、皮膚の発赤が三十分しても消えなければ、褥瘡の第一段階と考えられる。

（7）口腔嚥下機能の低下

誤嚥《ごえん》……本来気管に入ってはいけない食べ物や唾液が気管に入ってしまうこと。誤嚥のために生じる肺炎（誤嚥性肺炎）の原因となる。

よい姿勢で

これまで日本では、生まれつきの障害児でも中途障害者でも、「障害を負うと二次障害は必ず生じる。変形、痛み、拘縮、脱臼、褥瘡をはじめとした二次障害の発生は避けられない」と障害者本人も家族や関係者も考えていました。

しかし、前述のように「障害があるから二次障害が生じる」のではなく、「障害があることで正しい姿勢がとれなくなり、その悪い姿勢によって多くの二次障害が生じる」のです。

二次障害を防止するために不可欠だと考えられていることの中で、下肢障害者、特に車いす使用者にもっとも重要だと考えられているのが、正しい姿勢の確立です。

脊柱の側彎・円背をはじめとするさまざまな変形、股関節の脱臼や亜脱臼、そして股関節・膝関節・足関節などの拘縮には、すべて悪い姿勢が影響しており、根本的な原因となっていると考えられています。

悪い姿勢を改善して体に影響のない姿勢を提供するためには、車いす上で正しい姿勢をとるためのシーティングを中心とした姿勢保持が不可欠だと考えられています。

アメリカのように「いす社会」の国であれば、朝、子どもを起こして車いすに乗せ、夜ベッドに寝かすまでずっと車いすに乗せています。このような生活では、車いすのシーティングが適切であればよい姿勢を保つことができます。シーティングを正しく提供すればよいだけなのです。

しかし英国のように古くて狭い家やアパートが多い国や、あまり車いすシーティングが進んでいない国では、家に帰ると障害児を車いすから降ろしてしまいます。ベッドやソファーの上、床のカーペットの上などが子どもたちの家での居場所になってしまいます。

欧米ではソファーの角に障害児を座らせることがよくあります。一見安定している姿勢のように見えますが、体がどちらかに倒れていたり足がどちらかに倒れていたりすれば体に害を与える、悪い姿勢なのです。このような悪い姿勢が二次障害の原因となります。

車いすから降ろす必要があれば、車いすから降ろした場所での姿勢保持が必要となります。イギリスを中心に世界中に広まりつつある「スリーピング（就寝時の姿勢保持）」や「二四時間姿勢ケア（姿勢管理プログラム）」は、就寝時や横になった姿勢を中心に車いすから降りたときに正しい姿勢を提供して、悪い姿勢による二次障害の発生を予防するプログラムです。

私は英国で実際にこのプログラムを実践している脳性麻痺の障害児のお宅を訪問したことがありますが、大きな成果が現れていました。プログラムを始めた三歳の時には前方片側に倒れていた最悪の姿勢がすっかり改善され、就寝時の姿勢保持プログラムと車いすシーティングによってまっすぐで自然な姿勢が保たれていました。私が彼女に会った十二歳の時でも、まっすぐで健康な姿勢で楽しく生活していました。まっ

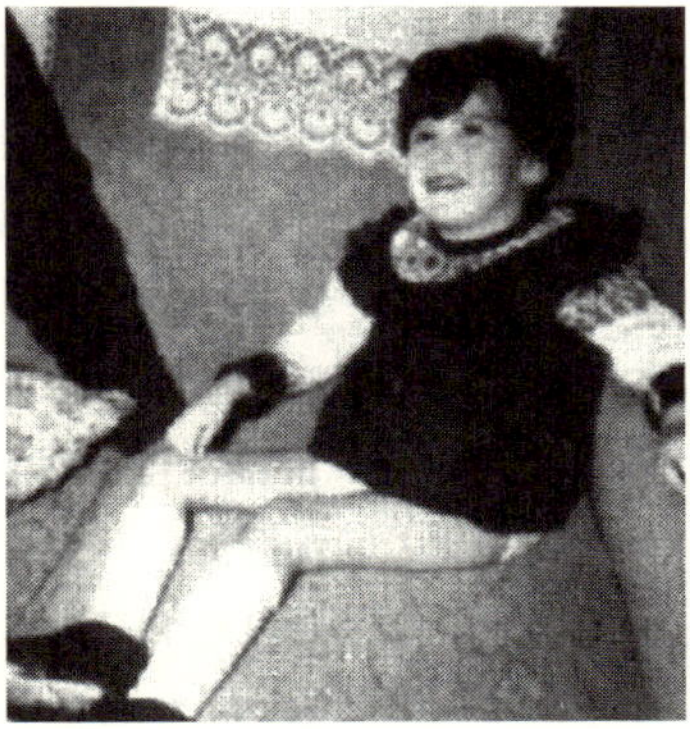

ソファーの角にすわらせると……

©2008 John & Liz Goldsmith

すぐに保持されていた姿勢によって、彼女の成長によって助長される変形の発生が防止されていたのです。

二次障害の防止を行なうためには、一日の大半をよい姿勢ですごせるようにしてあげる必要があります。せっかく家でシーティングが適切にほどこされた車いすに乗っていても、学校では姿勢が保持できない車いすに乗っていたり、しょっちゅう車いすから降ろしていたのでは効果はでません。

姿勢保持のできる車いすは体の一部だと考えて、可能なかぎり長時間使用し、車いすから降ろす場合はその場所での姿勢保持を考える必要があります。

「快適な姿勢」と「よい姿勢」

障害児の家族と話していると、「快適な姿勢」と「よい姿勢」の違いについて質問されることがよくあります。家族としてみれば子どもを快適な姿勢にしてあげたいという気持ちは当然です。子どもだって、快適でいたいに決まっています。

体に左右のアンバランスなどがない場合には、快適な姿勢とよい姿勢に大きな違いがないこともありますが、左右の非対称性が体に現れると、自分の快適な姿勢が非対称な姿勢を助長してしまうのです。

　左右のバランスが異なると、自分の弱い側に倒れて側彎傾向になります。そして同じ姿勢をとりつづけることで同じ方向の力がかかりつづけ、側彎は悪化していきます。側彎が悪化すれば逆向きの姿勢をとることもつらくなり、やがて不可能になります。悪循環なのです。

　私も障害のレベルが左右異なるので側彎があります。ときどき、夜寝ているときに側彎を助長するような悪い姿勢で寝てしまうようなのですが、そんなときは朝起きた時に背中や肋骨に痛みがあります。そのまま車いすに乗ると、車いすのシーティングによってある程度の改善は行なわれるものの、半日ないし一日中違和感が残ることがあります。

　そんなとき、私は朝起きたあとに、逆向きの姿勢、側彎の凸が上向きで体を伸ばせる姿勢を五〜十分ほどとります。（テレビを見ながらしています。）すると痛みは軽減したり、なくなったりして、車いすに乗っても違和感がないのです。

このように体が非対称な場合、自分のとりたい姿勢がよい姿勢とはかぎらず、快適だと感じている姿勢が体に悪い姿勢であることが多々あるのです。

逆向きの姿勢がとれるうちは、悪い姿勢の後に逆向きの姿勢をとれば修復が可能です。変形がひどくなって逆向きの姿勢がとれなくなる前に、ぜひ実践していただきたいことです。

私は自分で違和感を感じて対処しましたが、**障害の重いお子さんは自分ではできません。周囲の人が積極的によい姿勢をとらせることが必要なのです。**

酷使しない

二次障害の防止のために、正しい姿勢をとることの次に大切だと考えられているのが「酷使しないこと」です。

自立しようとする障害者ほど、残存機能を酷使してしまいがちです。毎年自立する障害者はどんどん増えていますが、自立するための環境整備のスピードはなかなか追いついていません。その結果「むりをしないとできない」状況が生まれて、残存機能を酷使することで、せっかく体に残されていた機能を失ってしまったり低下させてしまったりするのです。

たとえば歩くことを考えると、障害を負ってもむりなく歩ける人はどんどん歩くべきでしょう。しかしむりをしつづけて歩いている人には、問題が生じる危険性があります。

私にはポリオ（小児麻痺）の親友がいますが、彼らを見ていると、もっとも体を酷使してしまった障害者だと感じました。彼らは、やる気もあり自立心も高いのですが、彼らが若かったころバリアフリーな環境はありませんでした。

そこで自立をするためには「歩く」ことが不可欠。私の親友も日常的に歩くには麻痺のレベルが高すぎると思うのですが、外交的で自立心の高い友人は両足にＬＬＢ（長下肢装具）を付け、両手にロフストランド・クラッチを使って、学校に通いさまざまなアクティビティに参加しました。就職もしてバリバリ働きました。

しかし、四十歳をすぎたころから、肩や肘、そして手首に痛みを感じるようになり、だんだん車いす中心の生活に変わっていきました。やはり、人間の肩・肘・手首は、体重をいつも支えるようにはできていなかったのでしょう。さらにひどい二次障害になってまったく歩けなくなった人や、電動車いす使用者になったという人の話も聞きました。

現在では、バリアフリーな環境が整いつつあるので、以前とくらべると車いすや電動車いすで行くことのできる場所は飛躍的に増えました。だから自立のためにむりをする必要はなくなったのです。

ある障害者の施設をセミナーのために米国のセラピストの先生と一緒に訪問したとき、彼女は、とても重度な脳性麻痺の少女が下肢の装具とクラッチを使ってたいへんな思いをして歩いているのを見て叫びました。

「何であの子を歩かせているんだ⁉」

日本では「歩かないと歩けなくなる」という話をよく耳にします。しかし欧米では「酷使したら残存機能を失ってしまう」とさえ言われています。残存機能は日常生活の中ではなく、レクリエーションやスポーツやリハビリの中で使用すれば維持できるという考えです。

朝、家からクラッチと装具で出発してしまったら、帰るまで歩きつづけなければなりません。酷使しつづけることになります。残存機能の維持は、自分の好きな時に始められて、自分の好きな時にやめられるレクリエーションやスポーツやリハビリの中で行なえばよいというのです。

環境をバリアフリーにすることで、むりをする必要がなくなり、移動するための機器（車いすや電動車いす）を自由に選択することができます。移動が困難な障害者にとって、酷使しないためにはバリアフリーな環境を提供することが必要なのです。

早い時期に始める

二次障害の予防のためにもっとも大切なことは、早い時期に始めることです。正しい姿勢をとることも、酷使しないことも、早ければ早いほど、体への影響は少ないのです。

これは生まれつきの障害者でも中途障害者でも同じです。とくに姿勢に関しては、成長期の前にシーティングなどの姿勢保持のための機器を使って予防することが推奨されます。とくに急激に成長が進むと考えられている九歳前後の時期には、成長とともに変形も一気に悪化します。三歳前後の成長期にも変形が進むことがあります。これらの時期が、二次障害に関してもっとも危険な時期なのです。

私は、何とか八歳までにシーティングによる姿勢保持を提供して、二次障害を予防したいと考えています。しかし、ほとんどの障害児の家族はこの時期の前には変形をはじめとした二次障害の対策を行ないません。「まだそんなに曲がっていない」とか「変形が顕著にならないと座位保持装置の交付が受けられない」と平気な顔で話す家族や関係者は少なくありません。

しかし、筋肉や緊張のバランスが崩れていれば、まちがいなく何年か後には変形・脱臼・拘縮をはじめとした二次障害が発生します。それは**「障害をもって生まれたから」ではなく、必要な対策を必要な時期に講じなかったからなのです。**

障害児の背中をさわってみると、顕著な変形が生じていなくても、背骨の右側と左側が左右対称でなかったり、片側が少し隆起していたり、脊柱がかすかに曲がりはじめていることがわかります。このような子どもは数ヶ月後にはまちがいなく変形が始まり、数年後には悪化してひどい変形になります。しかし、この危険な時期の前であれば、シーティングによって簡単に二次障害を防止することができます。可動性のある変形であれば、戻すこともできることもあります。

私は障害児の家族や関係者に、子どもたちの変化に気づいてほしいのです。障害児には自分から体の変化について訴えられない子やわからない子がほとんどです。変化

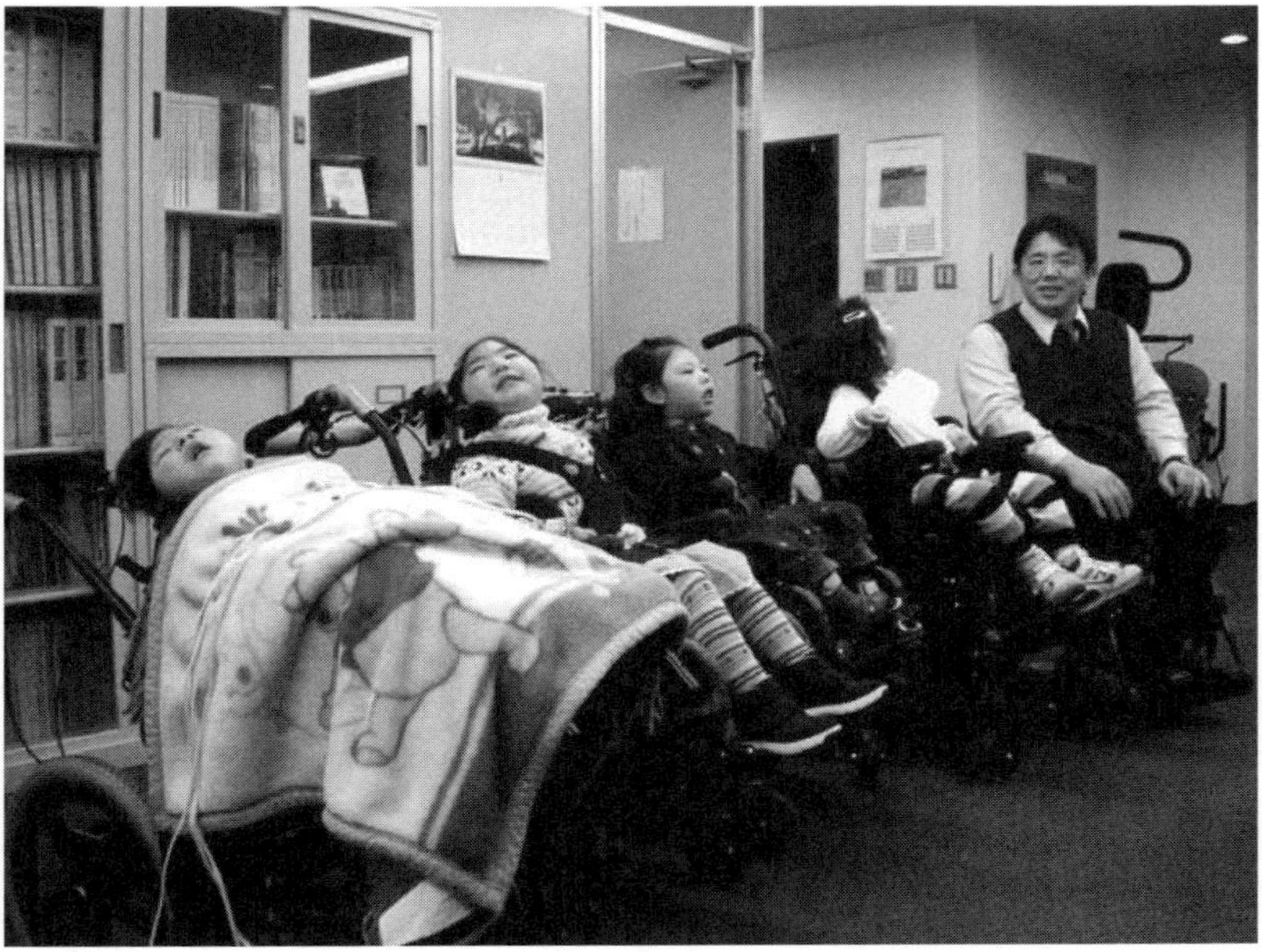

早い時期から始めるシーティング

（東京でのシーティング・クリニック※にて）

※シーティング・クリニック＝東京と大阪で開催している、
シーティングの無料相談・体験会

に気づいて対応できるのは周囲の大人たちなのです。

二次障害は治すよりも、発生させないことのほうが重要であり、簡単であり、費用もかかりません。体の傾きも初期であればクッションひとつで左右のバランスを整えて直すことができます。しかし時間が経てば経つほど複雑で高価な機器が必要となり、さらに時間が経てば治すことはむずかしくなり、悪化を防止することしかできなくなります。

変形や拘縮などの二次障害が悪化するほど、重度になればなるほど、複雑な座位保持装置や特殊な車いすが必要となります。車いすを乗せて移動する自動車も、車いすが大がかりで特殊なものになれば普通の車では積めなくなり、ワンボックスやリフト付きに買いかえることにさえなります。

欧米では「変形の悪化を防ぐ」とは言わず、「**生まれ持ったまっすぐな姿勢を保持する**」と言います。子どもの変化にいち早く気づいて対応することで、簡単で費用もかからず対応できるのです。

効果も早いほど明らかです。一日も早く始めましょう。

さて、次の章では、実際に車いすやシーティングを使っての対応についてお話しします。

車いすを設定する側の方々にとっては大切な章ですが、それを受ける側のみなさまには、むずかしいところがあるかもしれません。もし途中でよく分からなくなったら、あるいはむずかしそうだと感じられたら、とばしていただいて、第三章の「シーティングで人生の変わった子どもたち」や「あとがき」へ進んでください。車いすとシーティングの章は、後から、必要に応じて読んでいただいてもいいでしょう。

みなさまそれぞれの読みかたで読んでいただければ、うれしいです。

I 障害児のからだ

II 車いすとシーティングで変わる

変形・拘縮・脱臼・緊張への対応

III シーティングで人生の変わった子どもたち

IV 子どもたちの未来のために

1　車いすによる対応

台車から「生活の場」へ

二十三年前（一九八五年）に私が日本に帰国したとき、私が目にしたのは鉄色の台車のような車いすばかりでした。まさに、台車レベルの車いす。アクティブな障害者は自分で工夫してスポーツ用車いすに似せた動きやすい車いすに乗っていましたが、障害児や高齢者はまさに台車で運ばれている状態でした。

みんな私が乗っていたカラフルなモジュラー型車いすに驚いていました。私が使っていた車いすやクッションを欲しがる人がとても多くなったので輸入するお手伝いをしたのが、日本に高性能でカラフルな車いすを紹介したきっかけでした。

私が車いす使用者になったのは二十九年前（一九七九年）。その当時はアメリカでも、

「車いすは動けなくなった足の代わりだ」と言われていました。そう言われた私は、「車いすが足ならば、車いすに乗っているときは立って歩いているような状態なのだろうか？」

と疑問に思いました。車いすに乗っているときは動いているだけではありません。休んでいるときは安定性も欲しいし、快適に疲れずに座っていたいのです。

アクティブな障害者は、低い背もたれにアームレストもなく、機動性は抜群だけれども休むことにはまったく適していない車いすに乗っていたので、機会を見つけては車いすから普通のいすやソファーに降りて休んでいました。かっこよさのためには、つらさもがまんしていたのでしょうか？　ある意味、彼らの車いすも移動だけの道具だったと言えるでしょう。

車いすに対する考え方は、私がシーティングを勉強しはじめた十数年前には「足の代わり」から「**車いす常用者の生活の場**」だと考えられるようになりました。確かに、車いす使用者の多くは一日の大半を車いす上ですごします。私も朝七時に起きてから夜中すぎまで車いすに乗りっぱなしです。一日十八時間以上、一日の四分の三は車いすですごしているのです。まさに「生活の場」だと言えるでしょう。

障害児や高齢者も体にあった車いすを使えば、長時間車いすですごすことが可能になります。「運ばれるだけの台車」ではなく「生活の場としての車いす」なら可能なのです。

多くの人はいまだに車いすを台車だと思っているので、お金をかけないのかもしれません。台車ならどれも大差なし。そんな台車にお金をかける人はいないでしょう。

しかし、車いすを「生活の場」だと考えれば、もっとお金をかけてもいいと思えるかもしれません。

私の知人で、四肢麻痺の重度な障害で、特殊コントロールと電動ポジショニングシステムの搭載された高性能な電動車いすを使用している人が言いました。

「自分は、ここに住んでるようなものだからね。時には事務いす、時にはソファー、時にはベッド。だから自分の居間兼寝室みたいだけど、車いすのテーブルに乗せたコンピュータでメールや仕事をするからオフィスでもある。さらに出かけるときは車いすを運転して長距離を移動することもあるので、自動車やタクシーやバスの代わりにもなる。電動ポジショニングで体を傾けたり寝かせたりすることで除圧もできるから、

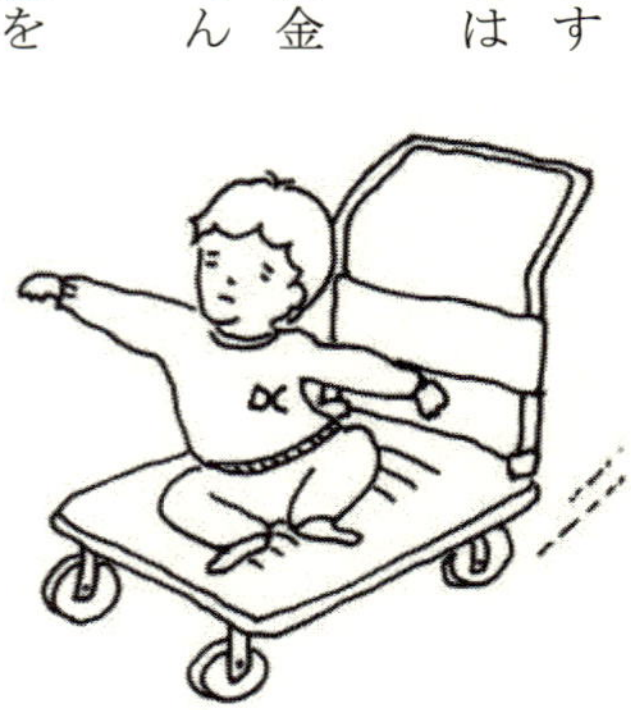

ヘルパーの代わりでもある。重力のかかり方で体が伸ばされるからセラピーの代わりにもなるとも教わったよ。だから僕は四畳半のアパートに住んでいても豪邸に住んでいてもあまり関係ないね。だってこの車いすが僕の生活の場なんだもの。」

彼には車いす購入のために基準外申請で特別な交付が受けられましたが、当然でしょう。この車いすがあることで働ける彼から車いすをとりあげたら、全介助の寝たきり重度障害者なのです。

くりかえしになりますが、**車いすは移動のために障害者を運ぶだけのものと考えないでください。車いすを「生活の場」として快適に一日中暮らせる環境として考えられれば、車いすに対する考え方も変わるはずです。**

目標を達成するための道具

私が日本に帰国した二十三年前（一九八五年）の日本は、私がアメリカで受けたような、個人別に目的を設定して目標達成を目的としたリハビリを行なう「個別リハ」はほとんど行なわれておらず、体の機能回復を中心とした「機能リハ」が中心でした。下肢障害者の回復すべき機能は歩くことなので、リハビリの中心は歩くことでした。

バリアフリーが悪かった当時は障害者を歩かさなければ社会復帰できなかったのでやむをえない状況だったのですが、車いすを使用するしか選択肢のない人は歩くことからの脱落者のようにさえ思えました。

当時、先進国としてはあまりにもレベルの低い車いすにびっくりした私でした。世界トップクラスの技術力を持つ日本なのに、なんでこんなに車いすのレベルが低くて遅れているんだろう？　率直な気持ちでした。その後、車いすの人たちに関わりはじめてわかったのは、「車いすに多くを求めるな」「車いすには最低限の機能でよい」というような考えでした。

この考えには日本人の国民性が現れていたのです。日本には知らず知らずのうちに頭の中に植えつけられる「正しい日本人像」があります。「髪は黒。目の色も黒。肌の色は少し黄色い肌色で、五体満足で、日本語を話し、日本の教育を受けている。それもある程度の高等教育。」これからひとつでもはずれると、いじめられたり差別されたりする。だから日本では外国人も障害者も受け入れられにくかったのです。

この「正しい日本人像」の中に「五体満足」という考えがあるため、リハビリも五体満足な人を目指すものになったような気がします。それはリハビリのスタッフだけのせいではなく、日本人である家族や関係者がみんなでそうしてしまったのだと思います。

五体満足な人は何をするにも特別な道具は必要ありません。だから道具を使わずにできることがリハビリの目的になってしまったのではないでしょうか？

「車いすがこげるなら電動車いすなんか乗るな。乗ったら手が使えなくなる。」

「少しでも歩けるなら車いすなんか乗るな。歩けなくなる。」

「クラッチや松葉杖《まつばづえ》で歩いているなら杖一本で歩けるようになれ。」

「杖一本で歩けるなら杖なしで歩けるようになれ。」

という感じです。

リハビリでスタスタ歩けるようになれる程度の軽度な障害ならそれでいいのですが、いくらがんばっても歩行がむずかしい障害者が、自分の障害レベルから考えて最低限の道具を使っていると、いつも大変な思いをして生活することになります。

私のいたアメリカは、歩ける人でもたいへんなら車いすを使えばいい。車いすをこぐのが大変なら電動車いすやスクーターを使えばいい、というようにひとつ楽なレベルの道具を使って生活していました。それはリハビリの目的が機能回復だけではなく、人生の目標を達成することにあるからです。目標のために必要な道具は駆使すべきだという考えです。だから北米では障害者を助ける支援機器がとても発達したのだと思います。

私が日本に帰国したばかりのころ、たぶんはじめて頼まれた講演で「車いすは目の悪い人が眼鏡をかけているのと同じ。足が悪いから車いすを使っているだけなので差別されることはない」と話したのを覚えています。

同様のことを言う人は増えてきているのに、まだ道具を使って生活を楽にすることに後ろめたさを感じている人が多いのです。その偏見を捨てたとき、新たな世界や可能性が広がるはずです。

世界的な物理学者のスティーブン・ホーキング博士は、ＡＬＳによって全身麻痺の重い障害があります。気管切開をしていて、話すこともできません。しかし、特別な車いすとコミュニケーション機器とコンピュータを駆使することで、世界中をとびまわって講演などに大活躍です。ホーキング博士から特別な車いすと支援機器をとりあげたら、寝たきり老人になってしまうでしょう。

機器を駆使するかしないかで、このような大きな差が生まれるのです。

車いすと装具

十年ほど前に義肢装具士の集まりでお話ししたとき、私は義肢装具士のみなさんに問いかけました。

「車いすは義肢装具士の仕事の範疇《はんちゅう》に入りますか？」

しかし挙手した人はまばら。当時はまだ「車いすは自分の範疇」と堂々と答える人は少なかったのを覚えています。私は義肢装具士の方たちに「ぜひ車いすを自分の仕事の範疇に入れて、シーティングを提供できるようになってほしい」と訴えました。

当時、日本では車いすは単に買うものだと考えられていました。採寸するにしても簡単な寸法しかとりませんでした。しかしシーティングが行なわれている国々では、車いすを個人に合わせる際に、さまざまな採寸をして、関節可動域の角度を測ったり、体の傾きの傾向を評価したりと、義肢装具士が義肢や装具を作るときと同じような計測と評価をするのです。だから欧米では車いすを単に売るのではなく「車いすを処方する」と言います。

台車レベルの車いすなら「処方」は必要ないでしょう。しかし充分な評価と処方があってこそ「生活の場」としての車いすが完成するのです。現在多くの義肢装具の会社が車いすを扱っています。シーティングが処方できる義肢装具士も多くなっています。それは正しい方向性だと思います。

私がいっしょに仕事をしている義肢装具士がシーティングの講習を受けたときに言いました。

「今まではせっかくよい義肢や装具を提供しても、悪い車いすがそれを台なしにしていた。やっと義肢装具も車いすも、自分の納得のいくものが提供できる」と。

すべての設定が姿勢に影響

実際に車いすを使用者に合わせて設定する際、採寸して体にあわせて設定するものには、シート幅、シート長、シート高、クッションの厚さ、座面の角度、背面の高さ、背面の角度、アームレスト高、足台（フットプレート）の高さ、後輪の位置、後輪の大きさ、キャスターの大きさなどなど、さまざまなものがあります。

そして**これらの車いすの設定がそれぞれすべて姿勢に影響を及ぼします**。この他にも個人のニーズにあわせて設定する箇所には、足台の角度や位置、テーブルの高さ、

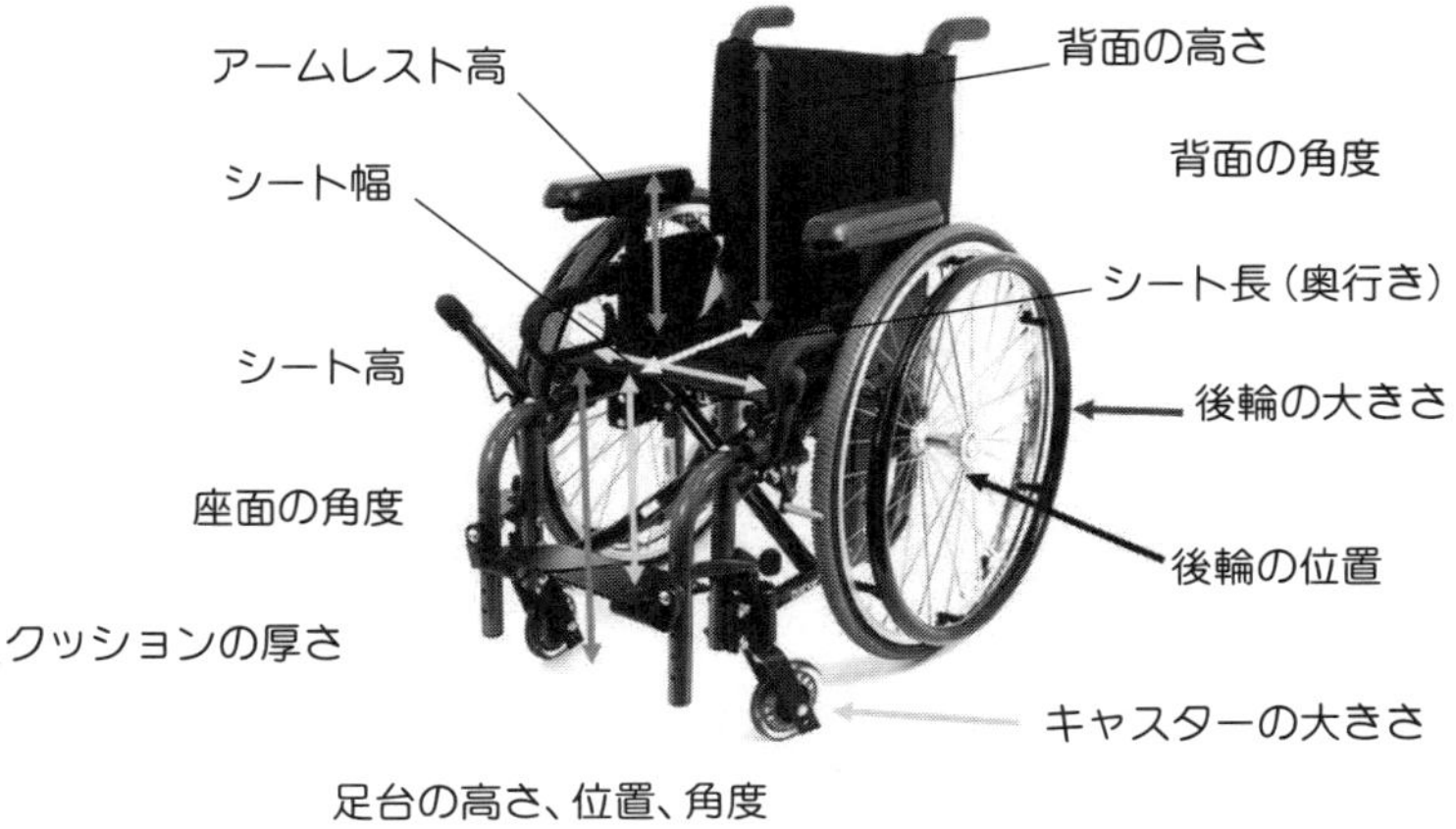

車いすの設定

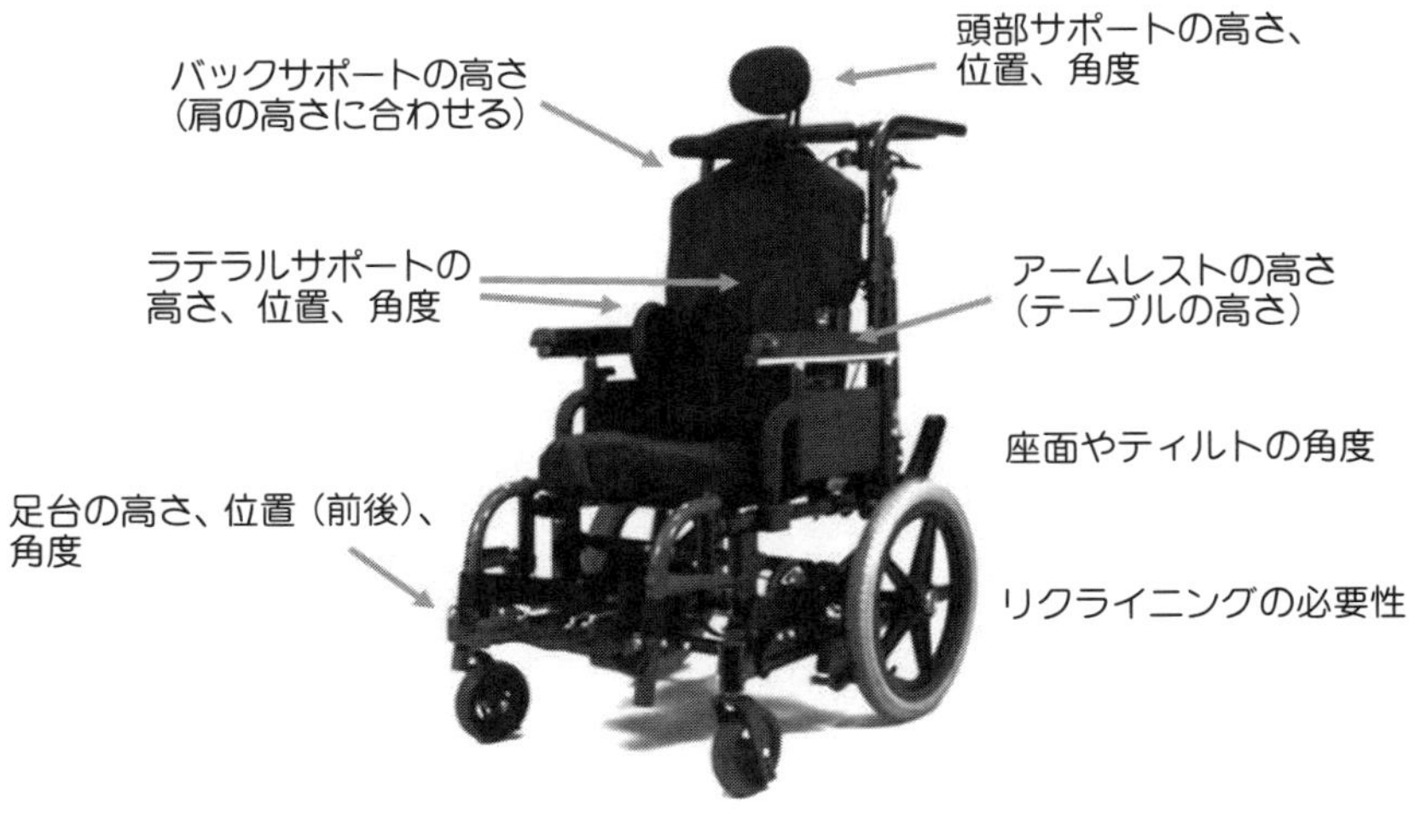

重度障害者用の車いす

（障害が重い場合は、以上のような項目についても考慮します）

後輪のキャンバー角度などたくさんありますが、ここでは省略します。

基本的な設定とその影響について、いくつかお話ししましょう。

シート幅が広すぎれば、お尻を片側に寄せて座ってしまいます。その結果、骨盤は片側に傾き、体は同じ方向に倒れ、体を戻そうとすると側彎が生じます。

シートの奥行きが長すぎれば、膝の裏が押されてずり落ち姿勢になり、短すぎれば腿の裏への圧の分散ができなくなり、不安定になるとともに不快感や緊張の原因となります。

足台が高すぎれば、腿の裏への圧の分散が減り臀部への圧力が増えて、不快感や痛みの原因となるとともに不安定になります。

足台が低すぎて足を保持していなければ、足の変形を助長し、安定性がなくなり、円背傾向を助長します。

アームレストの高さが低すぎると、腕のサポートが不十分になり体が横に倒れ、側彎の原因になります。

テーブルの高さが低すぎると、やはり上肢のサポートが不十分になり体が前に倒れ、円背傾向になります。呼吸の問題にもつながります。

主要な設定の一部分をあげただけですが、姿勢にさまざまな影響を及ぼし、二次障害の原因となるのがおわかりだと思います。

これらのポイントが台車レベルの車いすと「生活の場」としての車いすの違いなのです。**まずは、車いすを体にあわせて設定することが大切です。**

成長にあわせた調整と拡張

障害をもった子ども用の車いすは、成長にあわせて微調整しながら拡張することが二次障害の防止のために不可欠です。私が日本に帰ってきた二十三年前（一九八五年）は、成長を見越して作った大きすぎる車いすに障害児を乗せていたため、体にあわない車いすによって障害児の変形は加速されていました。

「体に合った車いすを使わなければ二次障害は防止できない！」

当時から私はずっと叫びつづけています。

最近では、体にあった車いすが必要という概念がやっと定着してきました。成長して車いすがあわなくなったという理由であれば医師も意見書を書くので、毎年でも車いすを作り直すことができます。（※自治体によって違いがあります）

これは二次障害防止のためにはすばらしいことなのですが、弊害もあります。個人の体にあわせた車いすを製作してしまうため、ひとりの子どもにとって小さくなった車いすを他の子どもが使うことがむずかしくなったのです。その結果、養護学校の裏庭や倉庫には使われなくなった車いすが大量に放置されています。福祉予算の問題にもなっていますが、エコ・環境的に考えても問題だと思います。

そのために欧米では障害児には、成長に対応するための拡張機能がついた車いすを使うことが主流になっています。これらの車いすは、拡張することで三歳から十八歳まで、車いすに乗れる年齢から高校卒業まで、同じ車いすを使うことが可能になります。実際、高校を卒業しても使いつづけている人がほとんどなので、一生に一台の車いすを使いつづけることさえ可能なのです。

ベビーカーにも成長対応拡張機能のシーティングがとりつけられたものがあり、こちらは生後半年くらいから八歳くらいまで使用することができます。

このように十数年間も一台の車いすを使いつづけることができるため、これらの車いすのフレームは生涯保証になっています。生涯保証と言っても「壊れたら直す」というものではなく、ひずんだり壊れたりするのを防止するために、硬質アルミなどの

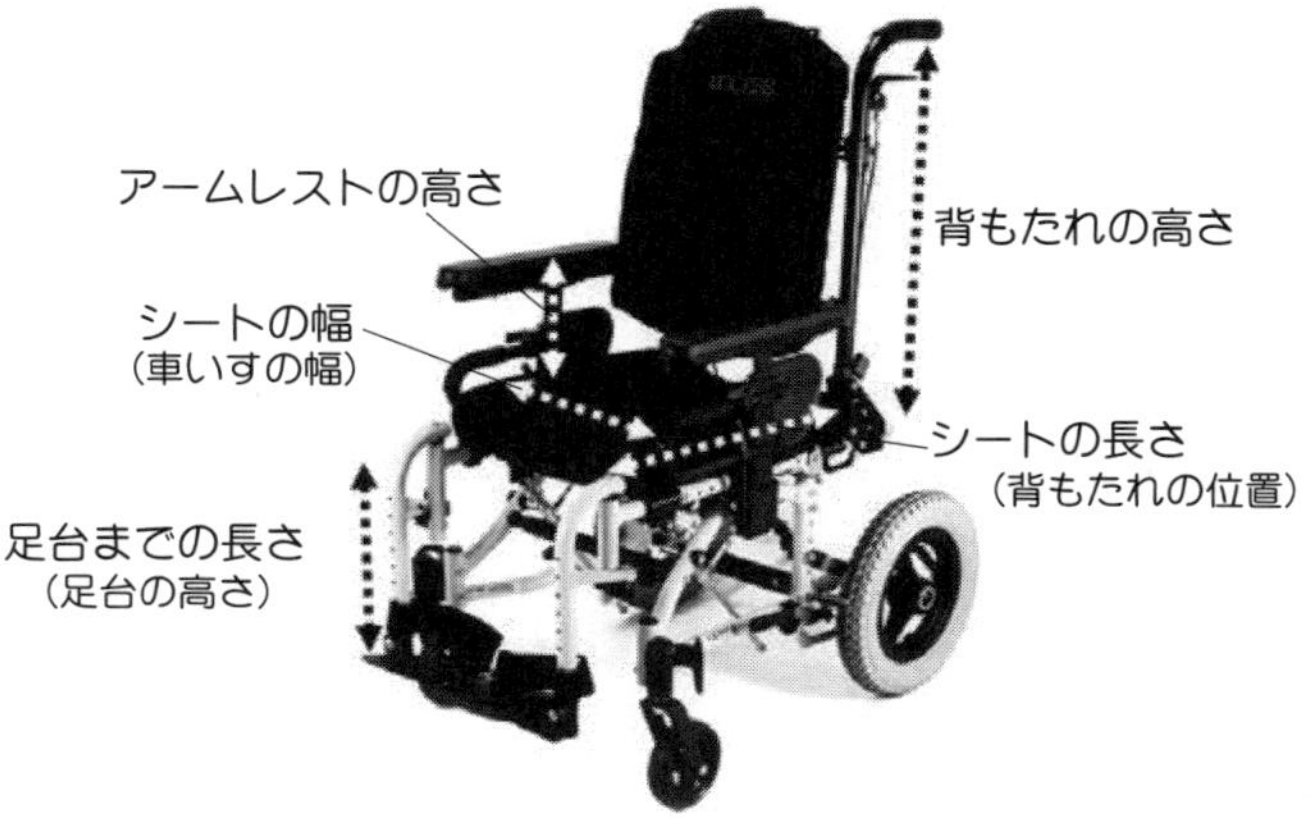

成長に対応した拡張が可能なモジュラー型車いす

強い材質を使用し、酸化を防ぐアルゴン溶接で溶接し、焼入れ加工をほどこして、本当に壊れないフレームを作っているのです。私は二十年近くこのような車いすを扱っていますが、人為的なミス（自動車と壁の間に挟んで壊したなど）以外では一台も壊れておらず、拡張しながら長期間使用していただいています。

このように強いフレームが必要な理由は、これらの車いすが「モジュラー式」と呼ばれる車いすで、さまざまなパーツを後からとりつけたり、とりかえたりできるからです。何年か経って使用者のニーズが変わったのでアームレストや足台などのパーツをとりかえようとしても、充分な強度と耐久性のあるフレームが土台にないと、ゆがみや曲がりなどによってパーツをとりつけられなくなってしまいます。そのような車いすではモジュラー型車いすの機能をはたさないので、フレームや主要な部品には、充分な強度と保証が必要なのです。

私は二〇〇七年、内閣府で行なわれた「新健康フロンティア戦略賢人会議」で参考人として発表させていただいたときに、この成長対応拡張機能つきモジュラー型車いすと日本の現状をお話しし、新たな車いすの項目として新設することを提案しました。これによって障害児は二次障害を防止できて健康でいられ、家族は経済的にも時間的にも助かり、自治体や国は経済的にメリットをえられるのです。削減できた予算はもっと必要とされていることに使えるでしょう。

成長に対応して拡張しながら長年車いすを使用された例として、東京の堀可奈絵さんの写真を次ページでご紹介します。三歳から十六歳まで十三年間、一台の車いすを使用しています。次に車いすを購入する際も成長対応拡張型にするそうなので、次の車いすはさらに長い期間使うことができるでしょう。

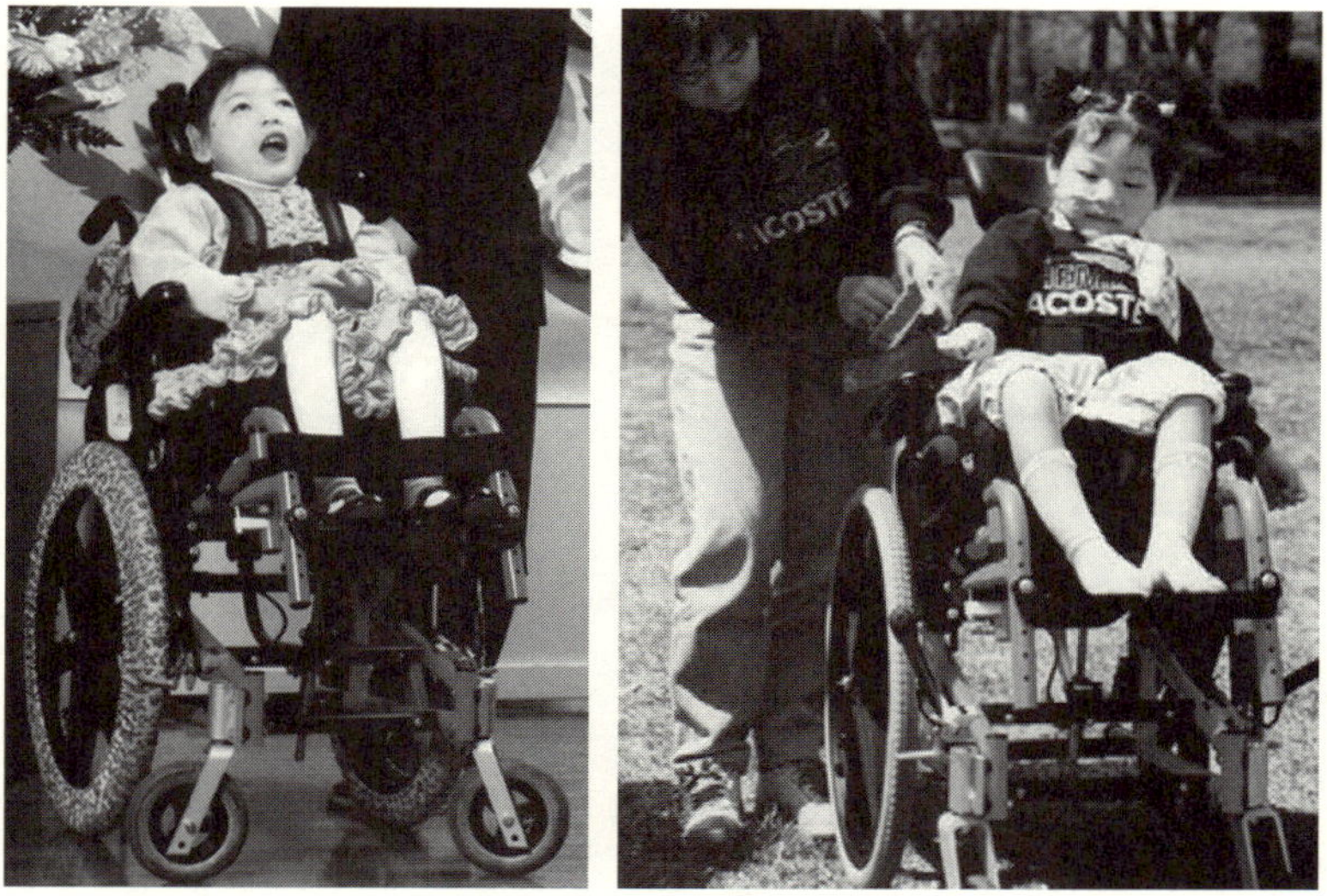

13年前の可奈絵さん（3歳）

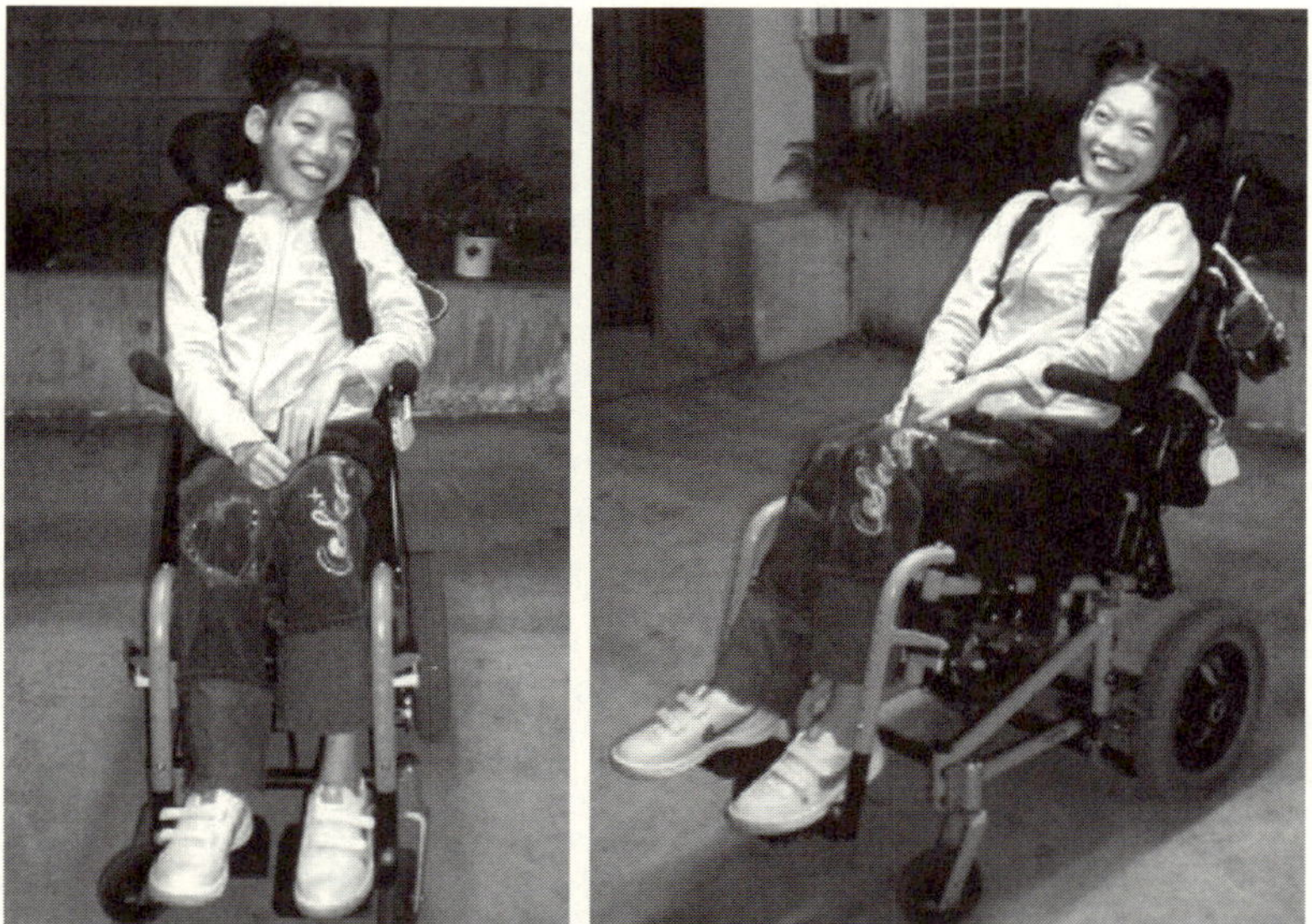

最近の可奈絵さん（16歳）

2　シーティングによる対応

日本でのシーティング

車いすを使用する方にあわせて適切に設定して調整すれば、多くの障害児（者）は快適に長時間車いすを使用することができます。

しかし、左右の障害レベルが異なっていたり、筋緊張による問題があったり、重度な障害だったりすれば、車いすを工夫するだけでは不十分。姿勢保持のためのシーティング機器が必要となります。

シーティングとは、一言で言えば、車いす上でよい姿勢をとるための技術と機器のことです。シーティングが必要な障害者は重度障害者だけでなく、軽度でアクティブな人から超重度な人まで。年齢も赤ちゃんから高齢者まで。そしてすでに変形のある人だけでなく、予防のためにも使用されています。**シーティングは、すべての車いす使用者に必要な「機器」であり「考え方」なのです。**

私がシーティングの勉強をはじめた十数年前、日本では「シーティング」という言葉はほとんど使われておらず、「座位保持装置」と呼ばれる姿勢を保持する装置やいすが姿勢保持に使われていました。座位保持装置は重度な障害児（者）に対して使われ、体の変形が顕著でないと「座位保持」に関する交付を受けられませんでした。すでに背中などに変形の兆候があっても、変形や二次障害の予防に座位保持装置を使用することはできませんでした。

しかし指をくわえて変形が悪くなるのを待つわけにはいかないのです。変形は生じさせないことが一番なのです。しかしその考えは理解されず、賛同して早期から始めようとする障害児の家族は、福祉事務所と何度も交渉したり戦ったりせざるをえませんでした。

そしてよほど幸運でないと、予防のために座位保持装置の交付は受けられませんでした。私はセミナーや講演はもちろん、審議会などで機会が得られるたびに、シーティングを予防として使うことの重要性、そして早期から使用することの大切さを訴えつづけました。

最近では、大都市を中心に、二次障害の兆候を証明できれば、座位保持装置の交付を受けられるようになりました。私が取り扱っている外国製の機器の多くが「座位保持装置・完成用部品」として認定されたことも、障害児がシーティング機器を使用する環境を向上させましたが、地方に行けば行くほど二十年前と変わりない状況がつづいています。

「座位保持」から「シーティング」へ

座位保持装置と呼ばれる姿勢保持の機器が存在したと書きましたが、その多くは木製やウレタン製のいすでした。移動のときは車いすを使用して、教室などで作業をするときは座位保持いすに座るという考えが主流でした。私は車いすにシーティングを組みこんだものを使用すれば、一日中適切な姿勢保持を得ながら快適性も提供できる機能性も向上できることを紹介しました。

ある養護学校では、車いすでは授業時間をすごすことが困難なため、授業が始まる前に先生が障害児を木製の座位保持いすに座りかえさせていました。授業が終わるとまた車いすに乗せて移動するのです。先生だって大変です。

そこでシーティングの組みこまれた車いすを何人かの生徒に提供すると、彼らは一日中車いすで生活できるようになりました。座位保持いすも乗りかえる手間もいらなくなったのです。

しかし障害児が学校に行ったら学校の車いすや座位保持いすに乗りかえることを学校の決まりにしている養護学校もありました。家族は車いすを複数買わなければなりません。シーティングのほどこされた車いすがあれば、欧米のように一日中一台の車いすで生活することができるのです。

少し工夫された車いすには、車いすの座布と背布（布製の座面と背面）の代わりに、木製の板を取りつけ、その上にウレタンを貼った座位保持装置を組みこんだ車いすもありました。しかし、その車いすで行なわれていなかったのは骨盤の正しい傾きの提供でした。

シーティングでは骨盤の保持がもっとも大切ですが、そのころはまだ骨盤の傾きや保持について重視されていませんでした。座面もずり落ちを防止するために臀部の形状にあわせた「コントゥア」（contour）の考え方がほとんどなかったため、平らな座面が大半でした。ずり落ちの防止のために股間をベルトでひっかけて止めたり、股間部分に大きなでっぱりをつけて、障害児の股がそこにひっかかって落ちないようにしたり、胸のベルトで何とかずり落ちや倒れるのを防止することが行なわれていました。

しかしそのような保持の仕方では障害児は苦痛の中にいます。自分からそれを訴えられないのです。そして家族や関係者もそのような車いすや座位保持装置以外の選択肢があることを知りませんでした。学校や施設で言われるままに旧態依然としたものを使っていたのです。

骨盤の傾き

車いす使用者の姿勢にとってもっとも大切なのは、骨盤を中立な、正しい傾きで保持することです。骨盤が後ろに倒れたり、前に倒れたり、片側に倒れたり、ねじれたりしている悪い傾きのままにされることによって、骨盤より上にある上半身と、骨盤よりも下にある下肢の両方が影響を受けて悪い姿勢になります。

立位のとれる健常者の場合は、立位時に体を支える足が姿勢に影響を与えます。そこで足底にインソールを使用して接地面や左右のバランスを調整することで、姿勢の改善をします。車いす使用者の場合は、悪い姿勢の原因が「足底」ではなく「骨盤の傾き」なのです。

シーティングの基本は、骨盤を正しい傾きで保持することです。骨盤は、障害や麻痺の状態などによって後に倒れたり（後傾）、前に倒れたり（前傾）、左右に倒れたり（片側への傾き）、ねじれたり（回旋）します。この骨盤の傾きが長時間続くことで姿勢

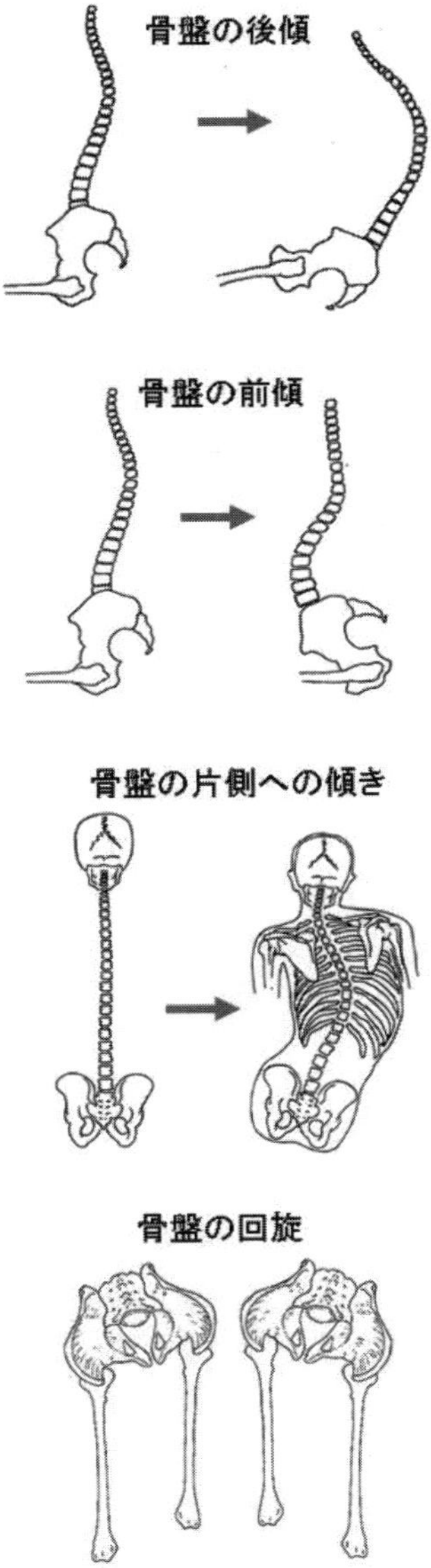

長時間とりつづけることで姿勢に悪い影響を与える骨盤の傾向

の問題が発生し、変形・拘縮・脱臼などのさまざまな二次障害が発生します。

さらに多くの場合、骨盤の傾きは重複して発生しています。後傾して片側に傾いていたり、片側に傾いて回旋していたり、個人によってさまざまです。シーティングで最初に行なう評価では、骨盤に生じている傾きの状態を調べて、対応していきます。どのくらいの傾きがあるか？　傾きに可動性は残されているか？　などについて調べて、適切な矯正や対応を行ないます。

骨盤の傾きに応じた適切な対応を提供することで、骨盤を中立で正常な状態に保って、骨盤の傾きの影響をなくすことができます。骨盤の傾きを放っておけば姿勢の問題が発生し、悪い姿勢が生じれば、重力や筋肉や緊張のアンバランスなどの影響を受けてさらなる悪い姿勢になるとともに二次障害が悪化していきます。

たとえば、体が片側に倒れているのに対応するために、ラテラルサポートなどで横から保持したり、ベルトで倒れるのを止めるだけで対応しているのをよく目にします。しかし**骨盤の傾きを直さなければ、根本的な問題は解決されません**。

ずり落ちた姿勢も、ずり落ちをベルトや股間のブロックで止めるだけでは問題は解決されません。問題は、骨盤が後ろに倒れていることなのです。

骨盤の後傾への対応

車いす使用者にもっとも多く見られる骨盤の傾きは「後傾」です。骨盤の後傾は、骨盤が後に倒れた状態で、ずり落ちた姿勢や「三点保持」「仙骨座り」「頚損座り」などと呼ばれる姿勢をとっている時にあらわれます。この時骨盤はお尻の両側にある坐骨だけでなく尾骨を含めた三点で保持された状態になっています。

この姿勢をとっている障害児は腰を前にずらして座っているので、腰と車いすの背面の間にすきまが生じています。背中にかかる圧は一部に集中しています。この姿勢をつづけていれば、さまざまな問題が生じてしまいます。尾骨付近の痛みや褥瘡、脊柱の円背、腰や首の痛み、筋緊張や不随意運動の増加、気道が曲がっていること、肺が圧迫されていることによる呼吸や心肺系の問題、飲み込みの問題、誤嚥や誤嚥性肺炎、上肢の使いにくさ、などです。

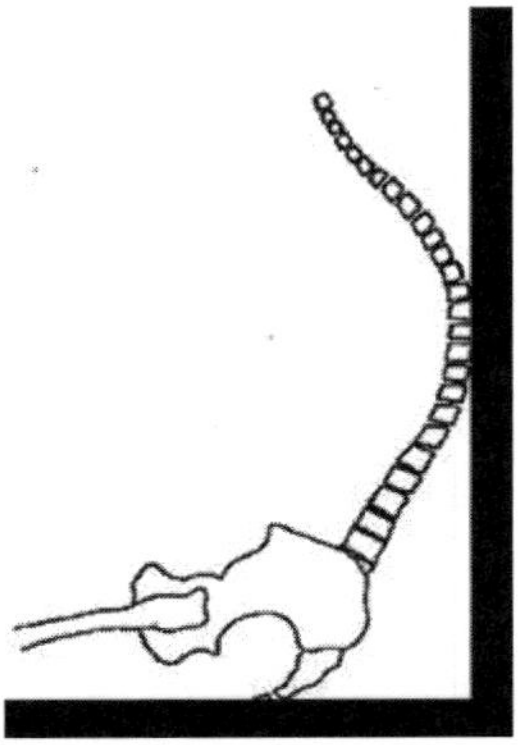

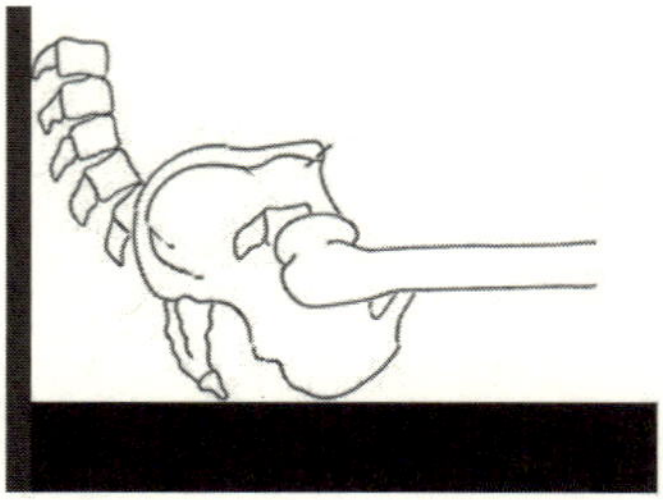

保持されていない骨盤の状態

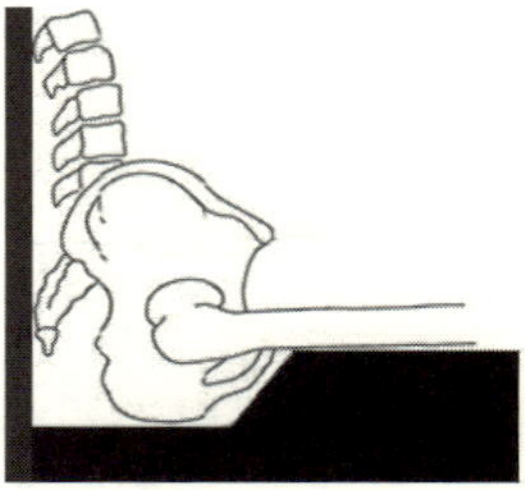

保持されている骨盤

これまでは、このような問題が発生すると、それぞれを個別の問題として対応していたのですが、問題の根源である骨盤の「後傾」はそのままにされていました。後ろに倒れたまま放置された骨盤は、時間とともに可動性が失われていき、可動性が完全になくなると「固定された変形」となってしまいます。骨盤の後傾が固定すれば傾きは戻せなくなり、問題を根源から改善できなくなってしまうのです。

シーティングでとても大切だと考えられているのは、可能なかぎり早い時期に、骨盤の後傾を正常な状態に戻すことです。早い時期であれば必ず可動性があるので、簡単に戻すことができます。しかし時間の経過とともに矯正が必要となり、固定してしまえば戻すことはできなく

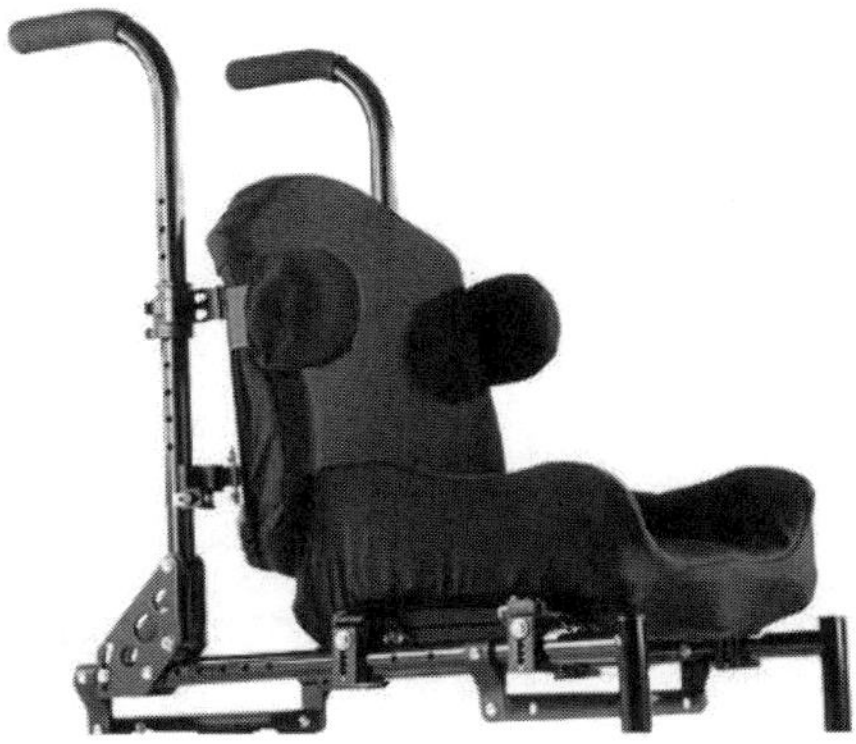

バックサポートとコントゥアクッションの例

なります。

骨盤の後傾を戻すためには、シーティングの骨盤保持の基本的な考え方を使います。これには「コントゥア」と呼ばれるお尻から腿の形状に沿った形のクッションを使用します。腿が乗る前部よりも臀部が位置する後部のほうが低くなっているクッションやシートです。この後部のへこみ部分でお尻の坐骨をブロックして骨盤のずり落ちを防止するのです。

しかし、これだけでは骨盤は後ろに倒れてしまいます。一般的な車いすの布製の背もたれでは、後方からの支持が少ないのです。時間が経つにつれて背もたれがたるむと骨盤の支持力はさらに少なくなり、骨盤は後ろに倒れてしまいます。よい姿勢をとるために、骨盤のしっかり

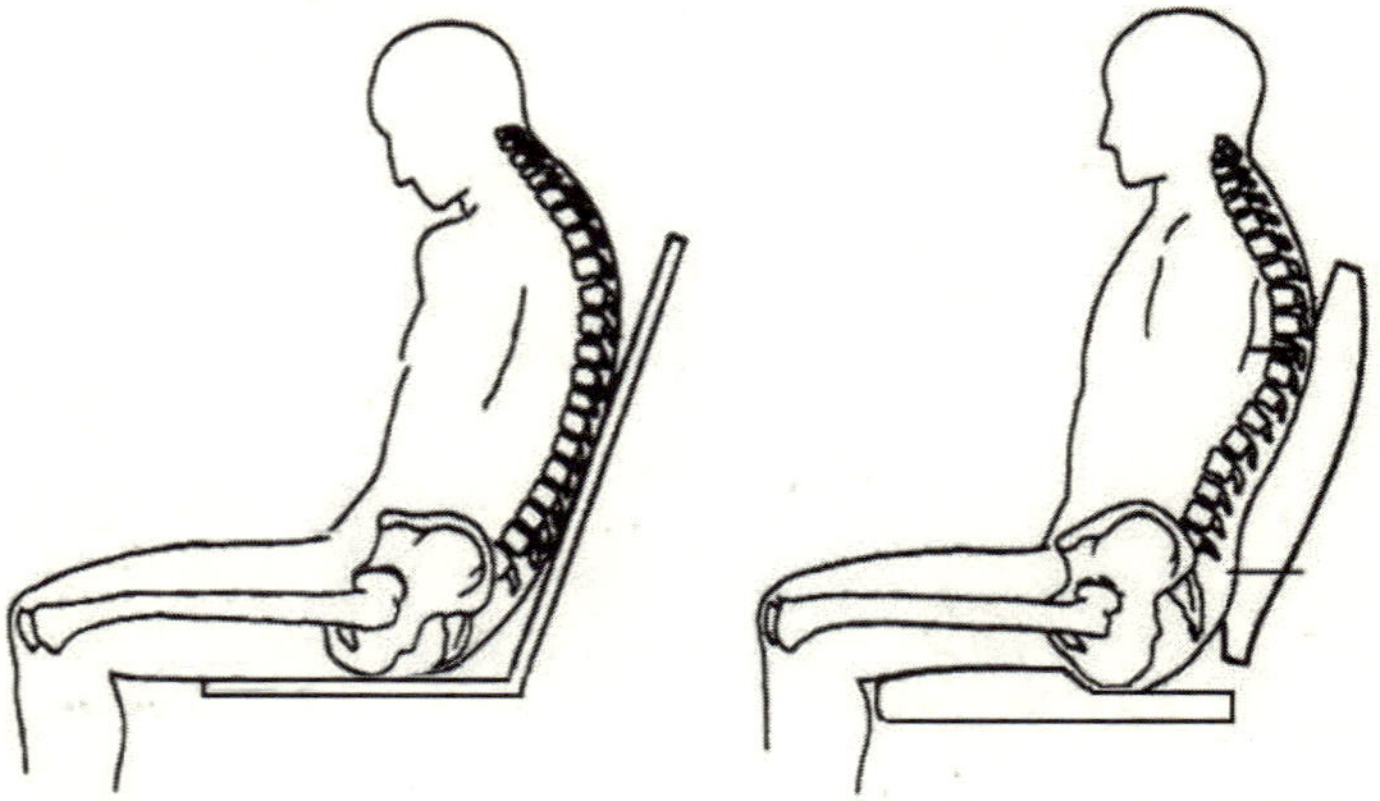

骨盤後傾時の姿勢　→　シーティングで骨盤が適切に保持された姿勢

とした保持が必要なのです。
　そこで、「ソリッド・バック」と呼ばれる硬いバックサポートを使います。硬いといっても、表面には適度な厚さのフォームのパッドで覆われた、充分に快適性のあるものです。後方からしっかりとしたバックで骨盤が倒れないように保持することで、骨盤の後傾を防止して、中立な状態を提供します。

クッションのコントゥア形状でずり落ちを防止し、しっかりした背面からのサポートで骨盤の後傾を防止するのです。

　骨盤が保持できたら、使用者の安定性を上げるために、バックサポートを使用者にとって最も安定して活動しやすい角度に設定します。この時のポイントは、骨盤を後傾させず

シーティングで最も大切だと考えられているのは、
可能なかぎり早い時期に始めることです。
早い時期であれば、
高い確率で、可動性が残されています。 !

に、リクライニング角度を提供することです。骨盤が後傾すれば姿勢が悪くなり、リクライニングしすぎれば、倒れた状態になって活動的な動きをしづらくなります。

そのために、骨盤を保持しながらバックサポートを倒していって、最適な角度を見つけます。リクライニングのように体を骨盤ごと後ろに倒すのではなく、胸郭の伸展を利用して、骨盤の上に頭が位置して安定するような状態に設定します。このときに大切な、頭と肩と骨盤の関係については、この章の最後の「骨盤の保持、そしてアラインメント」でくわしく説明しています。

胸郭の伸展とアラインメントを考えて背面の角度を設定すれば、使用者の姿勢を崩さずに安定性を提供することができます。その角度は、その個人がとれる最も垂直な角度でもあるので、機能性を最大限に発揮するためにも適しています。この方法を使えば、重度な障害があっても、むりなくよい姿勢がとれるのです。快適でありながら、体にもよい姿勢は、可能です。

一般的な車いす使用者にはクッションとバックサポートによる保持で充分ですが、筋緊張が強い場合は、それでも骨盤が動いて悪い傾きになってしまいます。そのときに必要となるのが、骨盤ベルトです。骨盤ベルトを使用して、骨盤を傾きのないよい状態でしっかりと保持します。（骨盤ベルトについては「4　緊張への対応」でくわしく説明しています。）この中立に保持された骨盤が、座位姿勢の土台となります。

家だって、土台が傾いていては、問題が起きます。土台をよい状態でしっかりと保持することから、シーティングが始まります。

骨盤の片側への傾きへの対応

ずり落ち姿勢に次いで車いす使用者に多い姿勢が、片側に傾いた姿勢です。傾いてしまう原因には、左右の障害レベルの差はもちろんですが、大きすぎる車いすのシート幅と、低すぎるアームレストの高さなどがあります。

アームレストが低すぎれば、体を支えられずに片側に倒れてしまいます。車いすのシートの幅が大きすぎれば、お尻をどちらかに片側に寄せて座ってしまって傾きます。

車いすをこぐ時も弱い側に近づいて傾く傾向があります。このように片側への傾きがあるとき、車いすを体に合わせて設定することも大切ですが、今まで見落とされていて改善されていなかったのが、骨盤の片側への傾きなのです。

傾いて座っている人の骨盤を見ると、ほとんどの人の骨盤は左右どちらか片側に傾いています。このとき骨盤は左右の腰骨《こしぼね》（上前腸骨棘《じょうぜんちょうこつきょく》）の高さが異なり、片側の坐骨が反対側の坐骨よりも低い状態になっています。

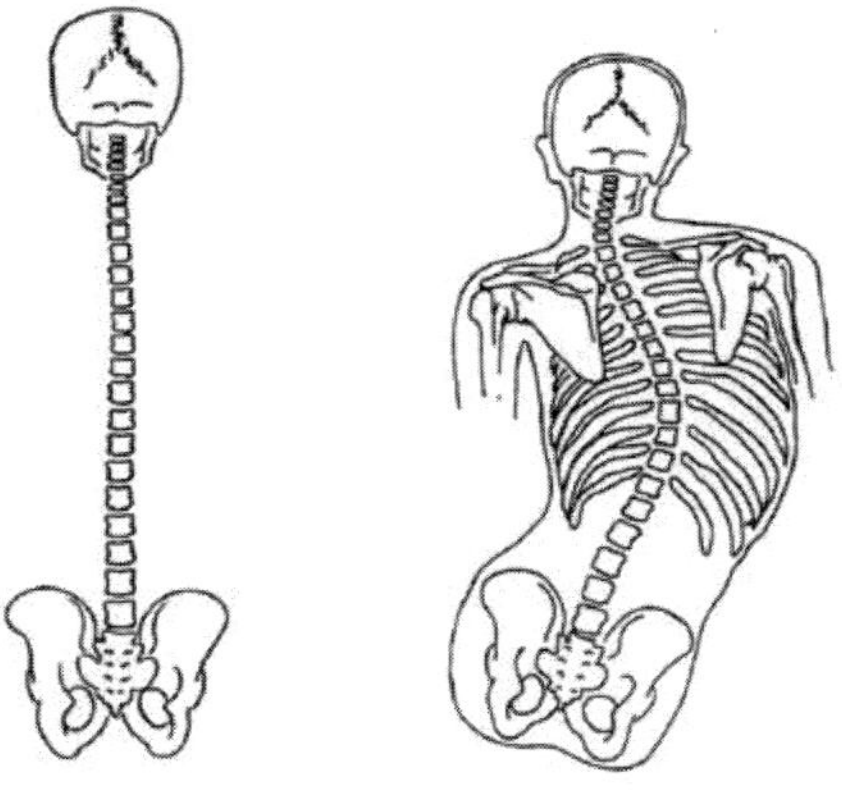

骨盤が片側に傾いた時の姿勢

傾きの原因として第一に考えられるのが、障害の非対称性です。障害に左右差があると、どうしても弱い側（障害の重い側）に体が倒れやすくなります。片側に体が傾くにしたがって骨盤が傾き、さらに倒れやすい状態になるのです。

それだけであれば体が片側に倒れるだけなのですが、本人に意識があれば本能的に頭を骨盤の上に戻してバランスをとろうとします。この姿勢によって側彎が発生します。側彎が生じてそのままにしておけば、有害な悪い姿勢に重力が加わって悪化の悪循環に陥ります。どんどん側彎は悪化して、痛みは増加、肺や胃腸などの内臓も押しつぶされて、呼吸器系・消化器系・循環器系のさまざまな問題が生じます。

さらに、傾いた骨盤によってむりな力がかかりつづける股関節は脱臼しやすい状態になり、亜脱臼や脱臼をくりかえし発生させます。筋緊張が強ければさらに危険性は高まります。脱臼をくりかえす障害児の脱臼の原因のひとつは骨盤の傾きにあるのです。骨盤の傾きを戻して左右対称なよい姿勢にしたことで脱臼の心配から解消された障害児も少なくありません。

私が日本でシーティングを提供しはじめたころは、体が傾いていると、単に体を横からラテラルサポートなどで押さえて傾きを止めたり、倒れる姿勢をベルトで止めたりすることが一般的に行なわれていました。しかし、**土台である骨盤の傾きを戻さずに体の倒れを止めても、問題の根源はまったく改善されていないのです。**

傾いたまま放置された骨盤の傾きは、時間とともに可動性がなくなり、「固定された変形」になってしまいます。そうなると、問題の根本が改善できなくなってしまいます。

前章のくりかえしになりますが、**シーティングで最も大切だと考えられているのが、可能なかぎり早い時期に、骨盤の傾きを正常な状態に戻すことです。**

早い時期であれば可動性があるので、簡単に戻すことができますが、時間の経過とともに、矯正しないと戻らないレベルになり、悪い傾きが固定してしまえば、正常な状態に戻すことはできなくなってしまいます。

可動性のある骨盤の片側への傾きを戻すには、クッションやシートの左右のバランスを変えます。簡単にいえば、クッションの左右の高さを変えて骨盤の低い側を押し上げることで、左右均等な高さにします。このとき、快適性や褥瘡予防など使用者のニーズを考慮した素材を使用することで、痛みや不快感なく矯正することが可能です。骨盤の傾きに可動性があれば、この方法で骨盤の傾きは戻ります。

早期であれば、このクッションの調整だけで上半身には何のサポートも必要なくなります。しかし可動性が少なくなっている場合や、側彎の進行が進んでいる場合は、体の側方からラテラルサポートで体を保持する必要があります。

脊柱の彎曲の凸の部分に力をかけて悪化を止めるために、体の凸側の肋骨の凸の少し下側と反対側の脇の下側をラテラルサポートで保持します。必要に応じて保持した

ラテラルサポートの使用例

脇の側の腰も保持します。この三点保持を使用して、体を可能なかぎりまっすぐな状態で保持するのです。

ラテラルサポートなどで単に横から力をかけて支えようとすると体を反対側に倒してしまうことになるので、重力のかかり方を考えて、どの方向に力をかければ重力の悪影響を受けずに座ることができるかを考えて保持を提供します。

最後にラテラルサポートの角度を体の形状にあわせて、快適性を提供します。

骨盤の前傾への対応

骨盤の後傾とは逆に、骨盤を前に倒している状態が、骨盤の「前傾」です。

骨盤が前傾すれば、身体が前に倒れてしまうので、意識があれば本能的に頭を骨盤の上に戻します。その結果、腰椎部分が過剰に彎曲した、前彎姿勢になってしまいます。この姿勢が最も多く見られるのは、筋ジストロフィーの方です。彼らは、腹筋が弱く背筋が強いという特徴から、そのような姿勢をとってしまうのではないかと言われています。

骨盤の前傾と前彎は、悪化が進むとシーティングの中でも最も直しにくい姿勢だと考えられています。悪化を防止することや、外見を「よい姿勢」にすることはできるのですが、前彎姿勢になれてしまっていると、体を戻すことで機能レベルが低下してしまい、自立度が下がってしまうのです。

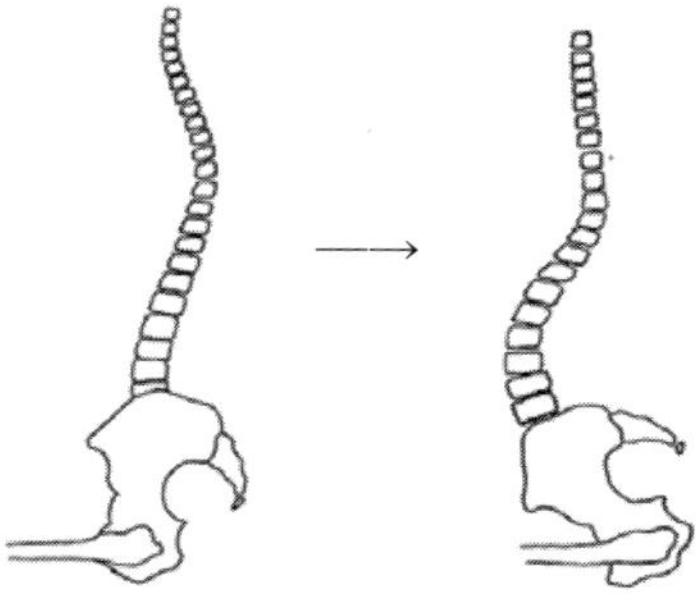
骨盤が「前傾」したときの姿勢

そこで、最も大切だと考えられているのが、予防と早期の対応です。予防としては、骨盤の前傾がしやすいように股関節を外転させないことが薦められています。脚を両側に開いて外転させると、骨盤は前傾しやすくなります。外転を防止することで、骨盤の前傾を防止したり、遅らせたりすることができます。

次に、骨盤ベルトを使用して、骨盤を後方に引き寄せて保持します。骨盤を引くために、座面にはシーティングの基本であるコントゥア形状のクッションを使用することが不可欠です。このとき、ベルトには必ずパッドのついたものを使用して、痛みや傷が発生しないようにします。必要であれば、体幹ベルトやハーネスベルトを使用して、上体を保持します。

骨盤の前傾と前彎が悪化して腰と背面の間に大きなすきまが生じると、ベルトで引っ張っても戻すことはむずかしくなります。変形が固定してしまえばなおさらです。体幹ベルトを使用して後方に引き寄せるにも大きな力が必要となり、垂直な姿勢に戻すことは困難です。むりやり戻せば、前述のように機能性を低下させてしまいます。

このように、骨盤の前傾と前彎は、悪化が進んでしまうと、悪化の防止はできても改善は困難です。そのために、予防と早期の対応が大切なのです。

進行性の障害の場合、車いすの使用開始時期を可能なかぎり遅らせて、普通のいすを使用しつづける方が少なくありません。しかし、早期に姿勢保持について考えなければ、変形が始まって、手遅れになってしまう可能性はとても高いのです。

「早い時期に始める」の章で、成長期に変形が一気に悪化するとお話ししましたが、進行性の障害は、急激な成長期と同様に、一気に変形が悪化してしまうことがよくあります。

骨盤の前傾と前彎に関して最も大切なことは、予防と早期の対応です。

硬い「座面」と硬い「背面」

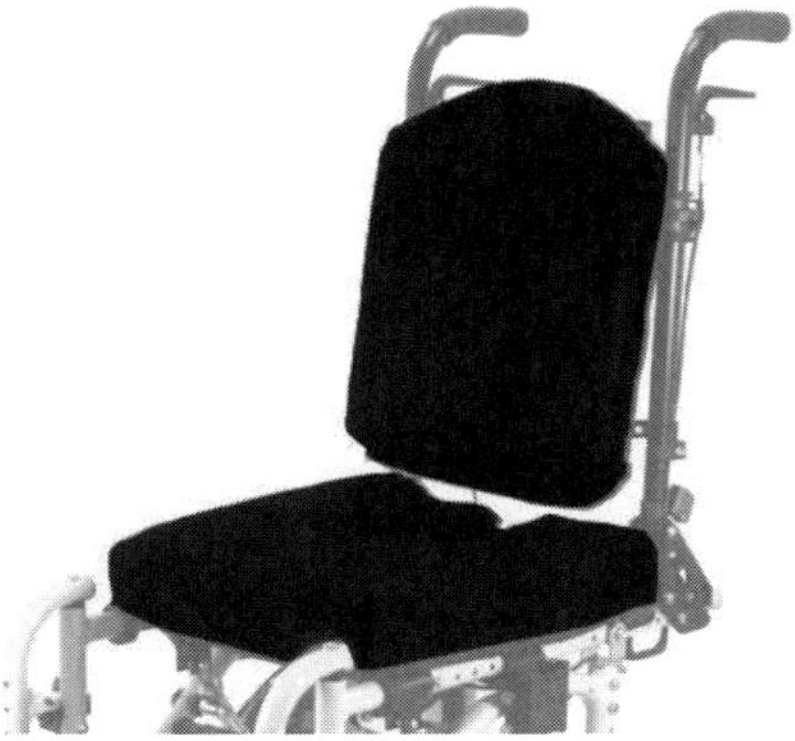

ソリッドシートとソリッドバックの例

シーティングでは、車いすのやわらかい布製の座面と背面（座布と背布）の代わりに、「ソリッドシート」とよばれる硬い座面と、「ソリッドバック」とよばれる硬い背面を使用します。「硬い」といっても、硬いのは「基部」であり、もちろん快適性のためにウレタンフォームや流動体などが基部の上に敷かれています。

簡単にいうと、「ソリッドシート」は、硬

い基部のついたコントゥア・クッション。「ソリッドバック」は、硬い基部にフォームのクッションのついたバックサポートのことです。

私がソリッドシートとソリッド・バックを日本に紹介したとき、「車いすに硬い座面と背面を使うの？」とふしぎがられました。車いすには布製の座面と背面というステレオタイプがあるからでしょう。

しかし「いす」と考えたらどうでしょう。健常者の使ういすに、やわらかい座面と背面を使用したものはありません。あるのはキャンプ用のいすや映画監督が使うディレクターズチェアくらいです。しかし、それらが布製の座面と背面を使用しているのは「たたんでしまう必要がある」という理由だけなのです。

やわらかい座面や背面に長時間座っていると疲れてしまいます。だから健常者の使用するいすはすべて硬い座面と背面なのです。高級な事務いすになればなるほどその傾向は顕著なのがわかります。背面は背骨にそったような形状になります。座面も腿から臀部に沿った形状になります。ここにもコントゥア形状が使われているのです。

シーティングに硬い基部を持ったコントゥア形状の座面と背面が使用されるのは、まず第一に「土台」をしっかりさせるためです。土台がふにゃふにゃでは座る人の姿勢もふらふらになります。正しい姿勢の保持なんてできないのです。**しっかりした土台によって安定性の提供が可能になります**。そして安定性がえられれば、快適性の提供が可能になるのです。

日本でも、座位保持装置には以前から硬い基部が使われていました。シーティングでは、それにコントゥア形状を組み込んだことで、さらなる安定性と快適性がえられるようになり、簡単に車いすから外せるようにしたことで、車いすを折りたたんで車に積む際の問題を解決しました。

機能性を最大限に発揮できるようにするためにも、しっかりした土台による安定性が不可欠です。高性能な事務いすと同じ考えなのです。車いすだから、たたむ必要があるからとずっと「布」のままだった車いすにもやっと進化が生まれて「いす」に近づいたのです。硬いシートやバックを使用するのは、人間としてごく自然なことなのです。

実際、座布や背布にはさまざまな問題があります。座布のたるみは、安定した座位にさまざまな影響を与えます。片側への傾きや、ずり落ちなどの原因にもなります。背面が布であることの最大の欠点は、よい姿勢をとるために後方から充分な支持ができないことです。そして同様に大きな欠点は、背中に変形が生じると、その形のままに布がたるみ、変形を助長していくことです。背中の円背も、側彎とともに生じた背中の変形も悪化していきます。

張りを調整できる布製の背もたれもありますが、使用しつづけることでたるんでしまうこと、左右のバランスを調整できないこと、背面角度の微調整ができないことなどの問題があり、変形をさらに悪化させる危険性があります。

骨盤の保持、そしてアラインメント

この章で話してきたように、よい姿勢のために、まずは骨盤を正しい傾きに戻すことから始めます。そしてその正しい傾きが崩れないように保持します。そのためには前述のコントゥア形状のソリッド・シートやソリッド・バックが必要となります。シーティングでもっとも大切なのは「骨盤の保持」なのです。

正しい傾きでの骨盤の保持ができたら、次に必要なのが正しい姿勢の確立です。ここで目的とするのは、適切な「アラインメント」(alignment　一直線にすること)です。車いす使用者を横から見たときに、頭と肩と骨盤が一直線上に整列することを目的とします。頭が骨盤の上にないと、アラインメントは崩れてしまいます。頭と骨盤が一直線上にあっても、肩がはずれていると円背などの悪い姿勢になります。

アラインメントが確立されると、それまで頭部の保持が困難だった方でも簡単なサポートだけで頭の保持や頭を動かすことが可能になります。逆に、アラインメントが崩れたままで頭部を保持しようとしても、大きな力が必要になる上、よい結果は得られません。体幹バランスも同じです。頭部の保持ができない方や片側に傾いた方の姿

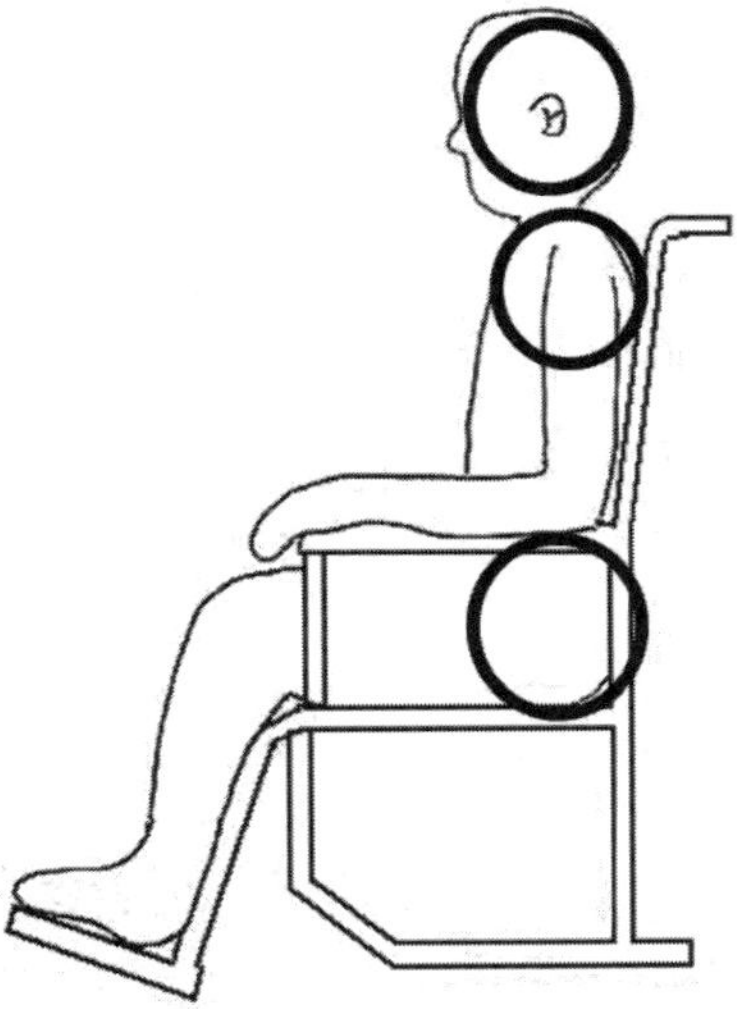

車いすに座っているときの
正しいアラインメント

（頭と肩と骨盤が一直線上にある）

勢の改善を依頼されても、私が骨盤の保持から始めてシーティングを提供するのはこれが理由です。

頭・肩・骨盤のアラインメントを意識しながら、背面の角度を調整して骨盤を中立な状態で保持します。「骨盤の後傾への対応」の章でお話しした、骨盤を保持したままでのリクライニング方法を使って胸郭を伸展させることで、重度な障害があっても正しいアラインメントに頭・肩・骨盤を位置することができ、安定してバランスをとることができるようになるとともに、快適に長時間すごすことが可能になります。骨盤の保持とアラインメントによって、上肢をはじめとした機能性の向上も可能となります。

リクライニングやティルトを使って寝かせなくても、安定した垂直に近い姿勢が快適にとれるようにすることが、正しいアラインメントとシーティングの目的です。上肢は使いやすくなり、頭は動かしやすくなり、目からさまざまな情報を得ることのできる、成長に欠かせない姿勢です。

しかし、障害が重度だったり、シーティングをする前に悪い姿勢をとりつづけていたりすると、シーティングでよい姿勢がとれるようになっても、最初はまっすぐな姿勢がうまくとれないことがあります。そのときには、ある程度の角度をつけることで、安定性を確保できます。しかし、より機能的な活動をめざすのであれば、できるだけ垂直に近い姿勢が必要となります。その時に使用するのが、体幹保持ベルトです。

体幹保持ベルトには、胸ベルトやハーネスベルトなどのタイプがあって、上半身に追加のサポートを提供します。ベルトには、伸縮性のあるタイプと、ないタイプがあるので、ニーズに応じて選択します。これらのベルトで少し保持してあげれば、体が倒れる心配はなくなります。

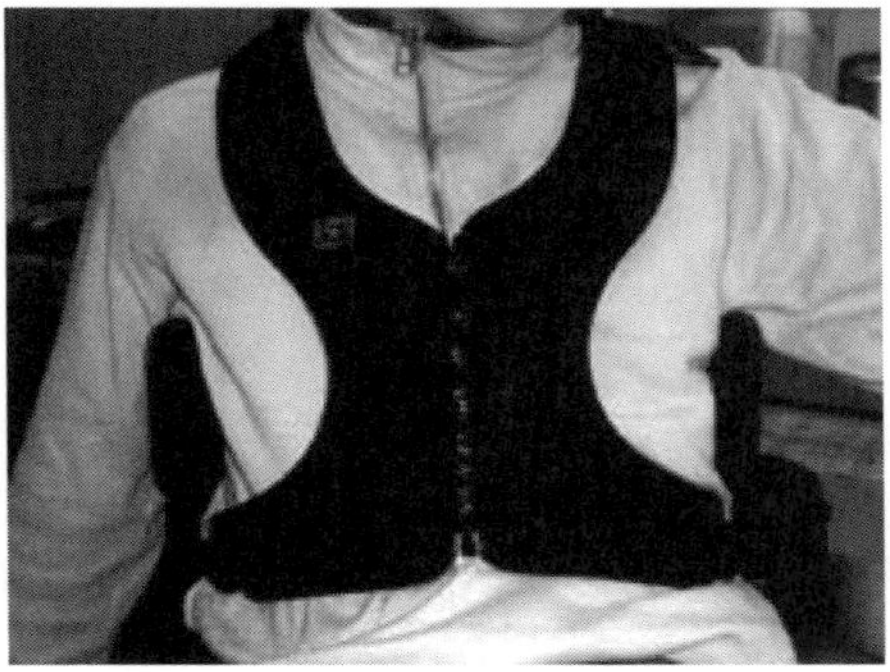

体幹保持ベルトの例
（肩ベルトに伸縮性のあるタイプ）

ところが、日本では胸ベルトがまちがって使用されていることがとても多いのです。姿勢が崩れたままで胸ベルトをされて、胸ベルトにもたれかかって支えられている障害児をよく目にします。胸ベルトが肺を圧迫して、呼吸に影響が出ている子どももいます。

胸ベルトを含めた体幹保持ベルトは、あくまでも追加の保持を提供するものです。

ベルトによりかかっている場合、姿勢保持も車いすの座面や背面の角度もまちがっていると言えます。安定性を提供しないで、ベルトで倒れる姿勢を止めるのは、まちがいです。

私は、胸ベルトやハーネスベルトは「体にくせをつけるためのベルト」と考えています。そのために、まずシーティングと車いすの角度を適切に設定します。ベルトなしで安定できるぎりぎりの角度を、本人の最も垂直に近い状態で座れる角度として考え、その角度を超えないように、ベルトを使用して座ります。これがその本人の最も安定して快適に座れる角度なのです。

しばらくそのような状態で座っていると、その角度で座ることに体が慣れてきます。そうしたら、ベルトなしで座ることもできるし、より垂直な角度を試すこともできます。体幹保持ベルトは、多くの障害児にとっては「体によいくせをつけるための道具」であり、将来的には使わなくてもよくなるケースがあるのです。

重度な障害で座位が困難だと考えられていると、安直にリクライニングやティルト機能を使って体を後ろに倒して安定性を提供することがよく見られます。しかし、後ろに寝かせてしまえば機能性は低下します。そんなに角度を提供しなくても、シーティングによる胸郭の伸展によって安定性が得られる重度障害者はたくさんいます。だれだって、一日中天井を見て暮らすのはいやです。認知能力が影響を受けることさえあるでしょう。安定してリラックスした姿勢で自然に前が見られれば、自分の周りで何が起こっているかわかります。障害をもったお子さんにこのような環境を提供することも、発育のため、そして社会参加のために大切だと考えます。

3　障害が軽くても

自操のできるレベルの車いす使用者の問題

私は、体のおへそから下は完全に麻痺しているものの上半身には障害がないので、車いす使用者としては軽度だと考えられます。自分で車いすを操作できるレベルだと車いすもかっこよくしたいという気持ちが大きく、スポーツ用車いすに似せた車いすを日常生活にも使用している人がたくさんいます。彼らは「自分は重度な障害じゃないよ」といきがっているようにさえ見えます。

無理して背もたれを低くしたり、アームレストを使わなかったりする人も少なくありません。それで十分なくらい軽度な障害ならいいかもしれません。しかし自分の障害や麻痺のレベルに対してサポートが不十分であれば、まちがいなく悪い姿勢で座ることになります。

ずり落ちて座っている人。膝を腰よりも高い位置にして膝で体が前に倒れるのを止めている人。片側に傾いて座っている人。みんな不十分な支持の姿勢と闘っているのです。その結果は、痛み・拘縮・変形・褥瘡などの二次障害です。時間が経てば経つほど、ダメージは大きくなります。

私自身、若いころは姿勢のことなど気にせずに自分なりに安定した姿勢で座っていましたが、それはお尻を少し前に出して背中を丸め、左に傾いた姿勢でした。その結果、円背が生じ、左側の坐骨の褥瘡と側彎が生じました。

私がその姿勢をシーティングで直してもらったのは、障害を負ってから十四年目。一般的には手遅れになるほど遅い対応なのですが、私の場合、水泳をつづけて体を動かしていたことで骨盤や脊柱に可動性が残っており、骨盤の傾きの改善と側彎の悪化の防止ができました。しかしまったく元の状態には戻りませんでした。

もっと早くやっていればという気持ちですが、私自身、姿勢のことなど考えたこともなかったので、知るよしもありませんでした。みなさんには後で悔やむことのないように早く始めていただきたいと心から願います。

私自身、シーティング機器を使い始めた当初はクッションで骨盤の傾きは戻していたものの、ラテラルサポートは使用していませんでした。私にも「かっこよく見られたい」「重度に見られたくない」という意識があったのかもしれません。しかし、一度自分の側彎の凸側をラテラルサポートで保持してみると、疲れ方と痛みがまったく違うのが実感できました。支持がないときは倒れやすい姿勢で重力と戦っていたのです。それからは自分がより長時間、元気に活動できるようにラテラルサポートを使用しています。体が必要とする支持によって、より活動的になれるのです。

「よい姿勢」と「機能的な姿勢」の関係

体にダメージを与える「悪い姿勢」を改善する時に、まず目的とするのは骨盤の保持による「快適で安定した姿勢」です。悪い姿勢でいた障害児にとって、この姿勢は残存機能を最大限に発揮することを可能にして、さまざまな機能を向上させる可能性があります。ほとんどの障害児の場合、体を押さえつけていたベルトやパッドも少なくてすむようになるので、上半身がより自由になります。

しかし障害が軽い子どもの場合、自分で動かせる体の部分が多いため、動くことで自分から姿勢を崩してしまうことがあります。そこで問題となるのが、よい姿勢と機能的な姿勢のどちらを優先とするかです。どちらも大切なことですが、今までは「よい姿勢はとれない」という前提で「機能的な姿勢」が優先されていました。これからは姿勢についても考慮して、悪い姿勢は二次障害の原因になることを考えてお子さんの指導をしていただきたいと思います。

このような状況でまずできることは、姿勢を崩さずに作業のできる環境を提供してあげることです。車いすを机の前に停めて、低い机の上に置かれたコンピュータやコミュニケーション機器を使おうとすれば、まちがいなく姿勢は崩れます。長時間の使用では疲れもともなって、なおさらでしょう。

対策としては、テーブルの高さを作業しやすい高さに設定することです。車いすのアームレストを高さ調整式にしてトレイテーブルをとりつけ、もっとも快適に姿勢を崩さずに作業できる高さにテーブルを設定して使用することも有効的です。角度が変えられるテーブルもあるので個人のニーズに最適な環境を提供できるはずです。

欧米ではすでに「動的シーティング」と呼ばれる、個人の動きを重視して、動いても姿勢が崩れないためのシーティング機器が開発されています。日本にも動的シーティングの考え方が少しずつ入ってきていますが、まずは「悪い姿勢」を静的姿勢であっても「よい姿勢」に改善することが大切です。よい姿勢が達成できてから「動的姿勢」を考えるべきでしょう。

車いすから降りることの影響

「よい姿勢」と「機能的な姿勢」の関係がさらに問題となるのは、もっと軽い障害の子どもたちです。脳性麻痺や二分脊椎などの障害児には、車いすから降りて床を這ったりいざったりして移動できる子どもがいます。家族からしてみれば、自由に動かせてあげたい、という気持ちもあるでしょう。

自分で姿勢を保持することにまったく問題のないほど軽度な障害で、左右の障害レベルにも差がなければ、問題は生じないかもしれません。しかし軽度な障害でも左右の差があったり、手で支えていなければ座っていられなかったりすれば、いざったり床に座ることによって姿勢が崩れ、変形や脱臼などの二次障害の原因となります。

このような子どもたちに車いすとシーティングでいくらよい姿勢を提供しても、床に降りているときは何のサポートもない状態に戻ってしまいます。筋力が不十分なのに何のサポートもなければ、バランスをとるために骨盤を後に倒し、背骨をバナナ状に曲げて、背中が曲がった姿勢をとりつづけることになります。この姿勢は、骨盤の後傾と円背を助長する、有害な姿勢です。とりつづければ脊柱は円背になり、骨盤も後傾して固まってしまいます。そして悪循環に陥り、悪化の一路をたどることになります。

障害に左右差がある場合、問題はさらに深刻です。左右の麻痺や筋力に違いがあれば骨盤は片側に傾き、身体は片側に倒れます。倒れたくないので、バランスをとるために本能的に頭を骨盤の上に戻します。この姿勢によって側彎が生じます。障害に左右差がある場合、サポートがなければ側彎傾向に陥るのです。そしてこの姿勢をとりつづければ骨盤は傾いたまま固まってしまい、側彎はどんどん悪化していくことになるのです。

横になるときも、障害があると自分の楽な姿勢をいつもとりがちです。側彎のある場合は、側彎の凸側を下にした姿勢です。しかし、ときどき逆向きの姿勢を

となければ、側彎は悪化しつづけて逆向きの姿勢がとれなくなってしまいます。その結果、側彎を悪化させる悪い向きの有害な姿勢しかとれなくなり、悪循環に陥ってしまうのです。

このように、姿勢保持が必要な障害児を車いすから降ろしてしまうと、何のサポートもない状態になります。たとえば家に帰って車いすから降ろして普通のいすに座らせたり、床に座らせたりすることです。個人に合わせて適切に設定された車いすやシーティング機器は、ある意味コルセットや装具のように体を変形や拘縮などから守っています。そこから降りてしまうということは、コルセットや装具をはずしてしまうのと同じです。

車いすから降りる必要があるのなら、車いすから降りた場所ではコルセットや装具を使用することで、重力と悪い姿勢からの影響を最小限におさえることができると考えられています。

ある重度障害児デイケア施設の所長さんが言った言葉が印象的でした。

「私が養護学校の教師をしていたとき、車いすに乗っている子どもがつらそうでかわいそうで、何とか車いすから降ろす時間をたくさん作ってあげようとしていました。

だけど快適に姿勢保持ができる車いすに乗っているなら、降ろさない方が体に悪い影響がないんですね。」

確かに、彼女の施設の障害児たちは長時間車いすで生活できるようになり、姿勢も改善されています。

自分で動くことができる場合、自由に動きたいという気持ちもあるでしょうが、姿勢についても考慮する必要があります。床に下りて動くのは運動の時間として、時間を制限して行なうのもいいでしょう。床での移動はいざっていっても、しばらく同じ場所にとどまるときは姿勢保持のできる座いすを使うことも、ひとつの方法でしょう。もっとよいのは、環境をバリアフリーにして、姿勢保持のできる車いすをいつも使用することです。そうすれば、床に下りていざる必要がなくなるか、最小限に抑えられるでしょう。

悪い姿勢よりもよい姿勢をとっている時間が長ければ、変形や拘縮などの二次障害を発生させる影響が少なくてすむのです。

歩ける障害児の車いす

障害が軽度で歩行が可能な障害児の場合、車いすはとても簡素なものが使用されています。歩くことがメインなのだから、車いすなんて最低限の機能でいい。簡単なものでいい。安物でいい、という感じです。

スタスタと自由自在に歩きまわれる障害児であれば、そのような簡易型の車いすでも充分かもしれません。しかし私が注目するのは、大きな労力を使ってへとへとになって歩いているような障害児です。

多くの場合、このような障害児は、下肢の装具やクラッチなどを使用することで、何とか歩くことができています。障害の左右差があることも多いので、歩行時には体のバランスが崩れます。

残存機能に左右差があるので、バランスが崩れるのはしょうがないでしょう。ところがこのような障害児が簡易型の車いすを使用すると、問題が生じます。崩れた姿勢で歩いて、崩れた姿勢のまま車いすに座ると、車いすの背布や座布が崩れた姿勢や体のゆがみをそのまま受けてしまいます。崩れた悪い姿勢のまま座ることになるのです。

長時間座っていれば、背布や座布のたるみによってゆがみが助長されて、変形となります。車いすでさらに崩れた姿勢から立ち上がって崩れたバランスで歩けば、さらに変形は助長されていきます。悪化の悪循環なのです。

歩行可能な障害児にも、適切にシーティングのほどこされた車いすを使うべきだと考えられています。障害に左右差があって、座ると片側に傾いてしまうのであれば、シーティング技術を使って左右のバランスを整えるクッションを提供したり、体が倒れないようなラテラルサポートを使用したりすれば、崩れた姿勢で歩いていても、車いすに座るときは左右対称な姿勢に戻ることができます。

正しい姿勢で座ることで、崩れた歩行による悪い影響をリセットして、またゼロから歩きはじめることができるのです。残存機能を変えることはできないので歩行時の姿勢の崩れは変えられませんが、少なくとも車いすに座るときにゆがみや崩れがリセットされれば、悪循環を毎回リセットできるのです。長期的に考えても体の変形やむりな力がかかりつづけることを防止できます。

車いすシーティングは、重度な障害児（者）のためだけのものではありません。歩くことができるレベルの軽度な障害でも、車いすを軽視せずに自分の姿勢のために利用することで、二次障害の予防や軽減に役立ち、よい結果が得られるのです。

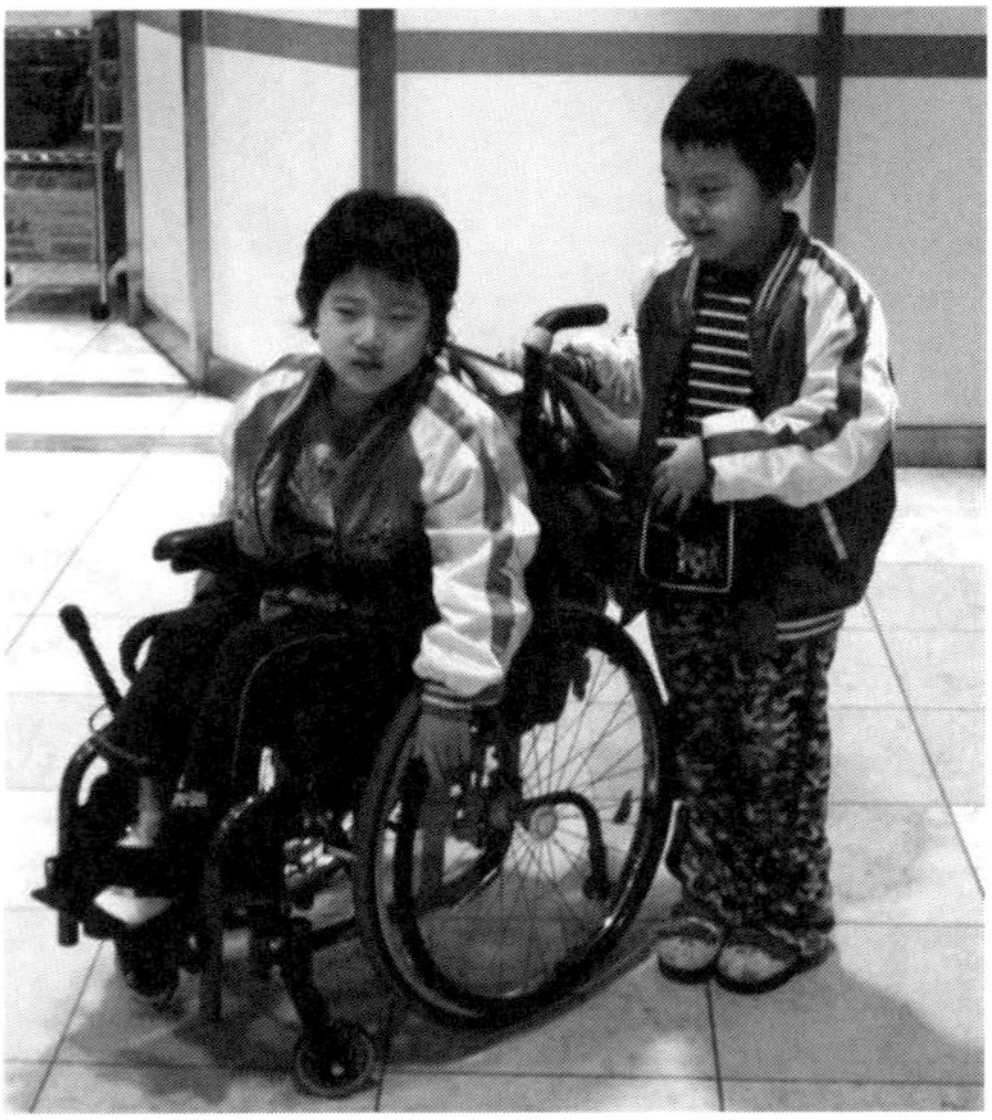

元気に活動する脳性麻痺の双子の姉弟。
Mちゃん（車いす使用）と、T君（自力歩行可能）

4　緊張への対応

脳性麻痺を中心に多くの障害児が直面している問題に、異常な筋緊張があります。緊張の問題がある方には、体に強い緊張が入って、体が伸びたり（伸展緊張）、体が曲がったり（屈曲緊張）してしまう高緊張の方と、体に力が入らないような状態（弛緩《しかん》）になってしまう低緊張の方がいます。

さらに手足などが自分の意思とは関係なく動いたり、突っ張ったりしてしまう不随意運動に悩まされている方もいます。異常な筋緊張は、よい姿勢をとるために問題になりますが、緊張のコントロールは可能です。

そのために不可欠なのが、くりかえしお話ししている、骨盤の正しい傾きの提供と保持です。骨盤を正しい角度で保持することで緊張をコントロールすることができます。骨盤の保持の基本は、コントゥア形状のクッションやシートで骨盤のずり落ちを防止するとともに、硬い背面サポートで骨盤を後方から保持することで骨盤を前にも後ろにも倒れていない中立な状態に保持することです。筋緊張の問題のない障害児（者）であれば、この座面と背面によって骨盤を保持することができますが、緊張の強い障害児は緊張によって、シーティングの考慮されたシートからとびだしてしまいます。このときに使用するのが「骨盤ベルト」と呼ばれる骨盤を保持するベルトです。

骨盤ベルトの使用にはいくつかのポイントがあります。

①骨盤の傾きによってベルトを装着する位置と角度が異なるので、適切に骨盤ベルトを装着します。

②骨盤の傾きによってベルトの締め方が異なります。前から締めたり、後から締めたりすることで力のかかり方が変わるので、適切な締め方でベルトを締めます。

③骨盤ベルトは骨盤が動かないように、必ずしっかりと締めます。

④そのために骨盤ベルトには厚いパッドがついたものを必ず使用します。

私のセミナーで骨盤ベルトの説明をすると、「きつく締める」というポイントにみなさん驚かれます。ベルトをきつく締めるなんてかわいそう、という考えです。

しかし自分の意思に反して筋緊張やアテトーゼや不随意運動が発生して骨盤が動いてしまう障害児にとって、骨盤をしっかり保持するためには骨盤ベルトをしっかりときつく締めることが不可欠なのです。ゆるい締め方では骨盤は動いて、姿勢はまた崩れてしまいます。

先日、カナダからシーティング・スペシャリストの先生を招いてポジショニング・ベルトに関するセミナーを開催したとき、新しい試みとして参加したＰＴ、ＯＴたちにお互いベルトを締めあってもらいました。骨盤ベルトはもちろん「きつく」です。

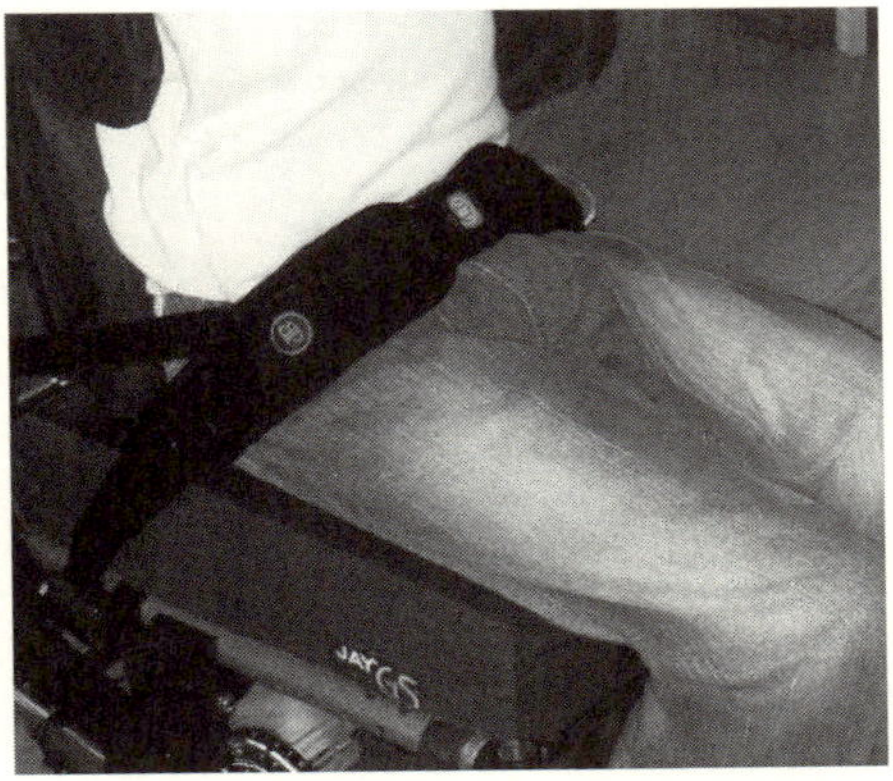

骨盤ベルトの使用例
（骨盤後傾時の保持）

すると参加者からは「適切な位置に締めれば痛くないんだ」とか「骨盤が保持されたほうが上半身が動きやすい」などの肯定的な意見ばかり寄せられました。体験してみれば理解していただけるのだと確信するとともに、自信をもって障害児に骨盤ベルトを使用できるようになりました。

私たちは毎日のように、高緊張の脳性麻痺の方や不随意運動に悩まされている方をシーティングと骨盤ベルトで問題解決するお手伝いをしています。骨盤ベルトによって緊張の緩和や不随意運動のコントロールは可能です。

私のお手伝いした中でも特に印象に残っているのは、もう四十代の脳性麻痺の男性のケースです。彼は緊張がとても強く、両手の不随意運動も激しい状態でした。私がシーティングのためにお宅にうかがったとき、ご家族から「近づいた人を不随意運動によって殴ってしまうことがあるので、本人の了解のもとに両手をアームレストに固定している」と聞かされました。

シーティングの評価を行ない、車いすを設定して乗っていただき、調整していくと、骨盤ベルトで骨盤を保持したときに彼の緊張が緩和されたことがわかりました。私が「もう手をはずしてもだいじょうぶですよ」と言うと、ご家族は半信半疑でしたが手の固定をはずしました。すると両手はポロリとアームレストから落ちました。不随意運動が緩和できたのです。

ご家族にはとても喜んでいただきました。毎年、福祉機器展で彼に会うのですが、固定されていない手を見ると、うれしくなります。

最近お手伝いして緊張が緩和したTくんの写真を、次ページでご紹介します。骨盤ベルトだけで上半身のベルトがいらなくなり、顔が正面を向いて前が見えるようになった、ととても喜んでいただきました。

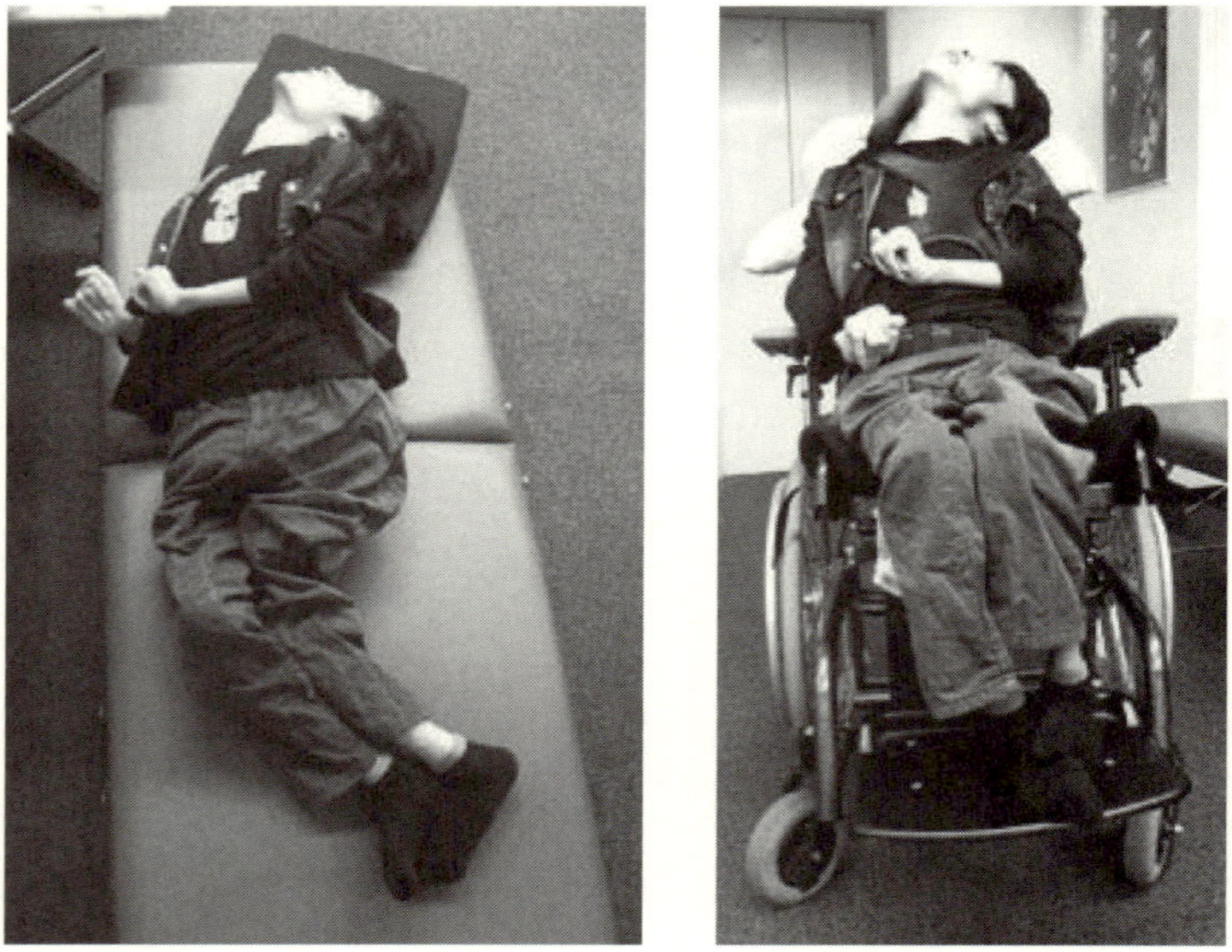

シーティング前のTくん

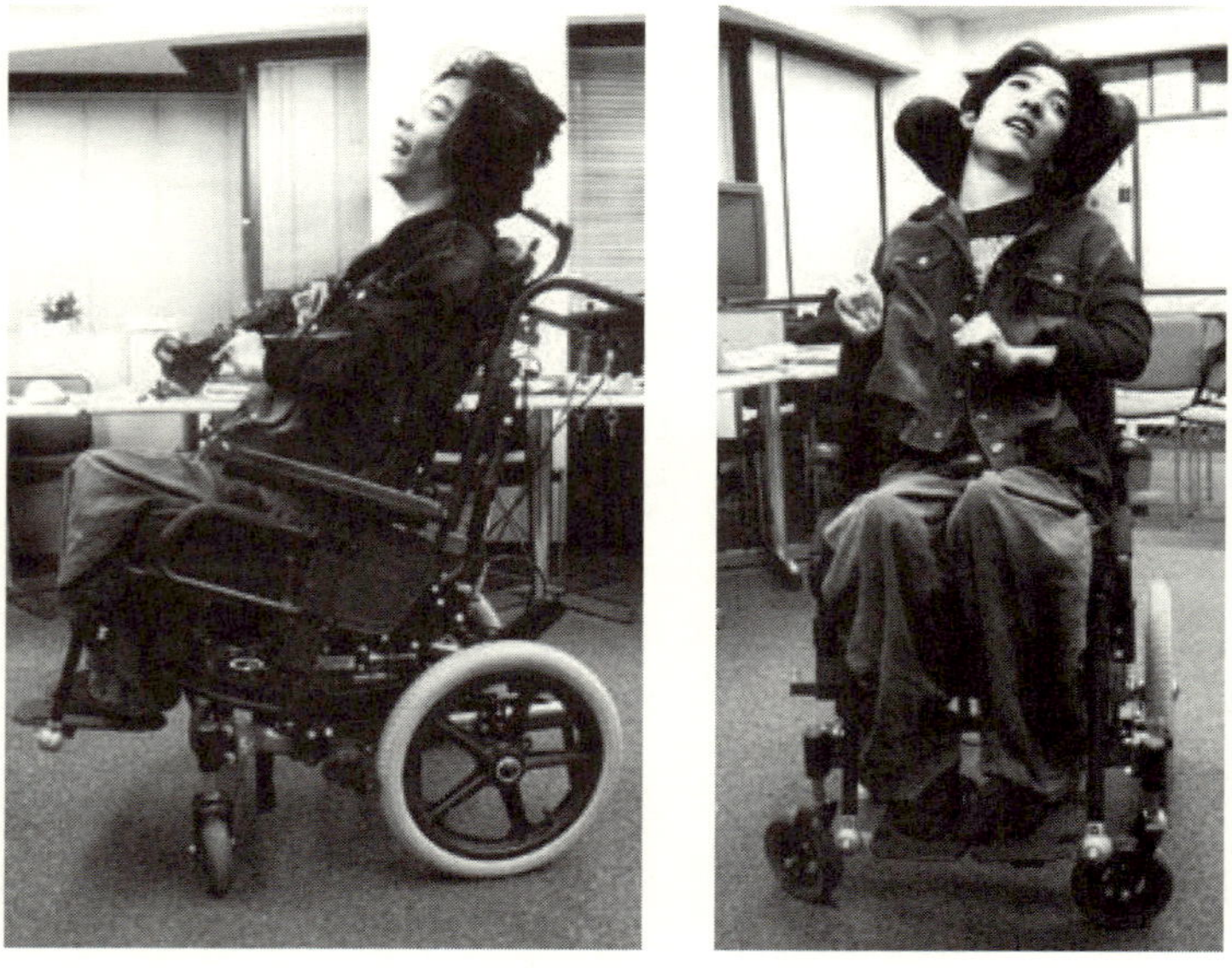

シーティング後のTくん

5 拘縮とその防止

膝関節の拘縮

障害や麻痺があると、健常児のようにいつも手足を動かして関節の可動性を保つことができません。動かさなければ関節が固まって「拘縮」が生じます。

車いす上の姿勢やシーティングを考えるときに考慮する拘縮は、股関節・膝関節・足関節の拘縮です。膝関節の可動性に関しては「ハムストリングス」の短縮も影響します。「ハムストリングス」とは、腿の裏の筋肉群のことで、膝を曲げるはたらきをします。骨盤の坐骨付近から膝の裏の骨までつながっています。

仰向けの姿勢から座位をとると坐骨が後ろに動くので引き伸ばされ、座った状態から足を前に上げると前に引き伸ばされます。しかし足を動かさないとハムストリング

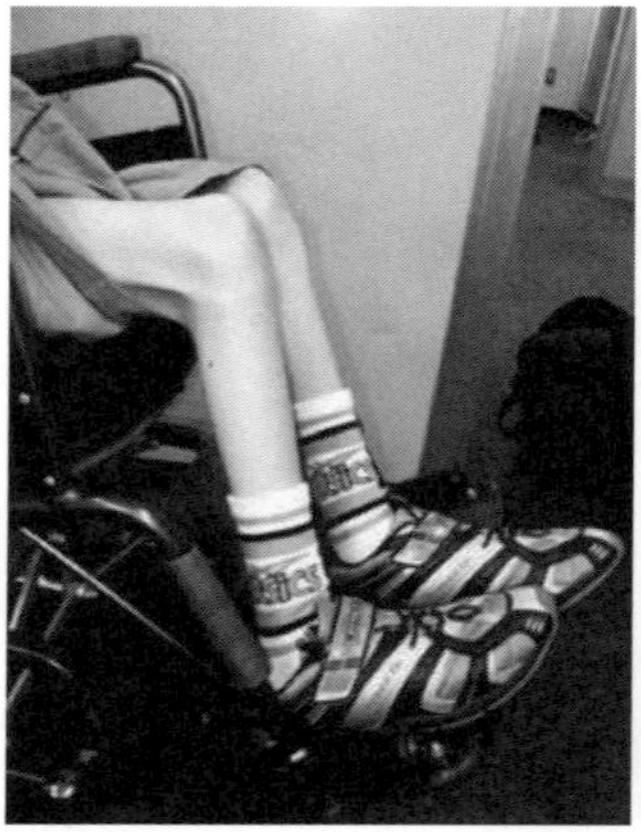

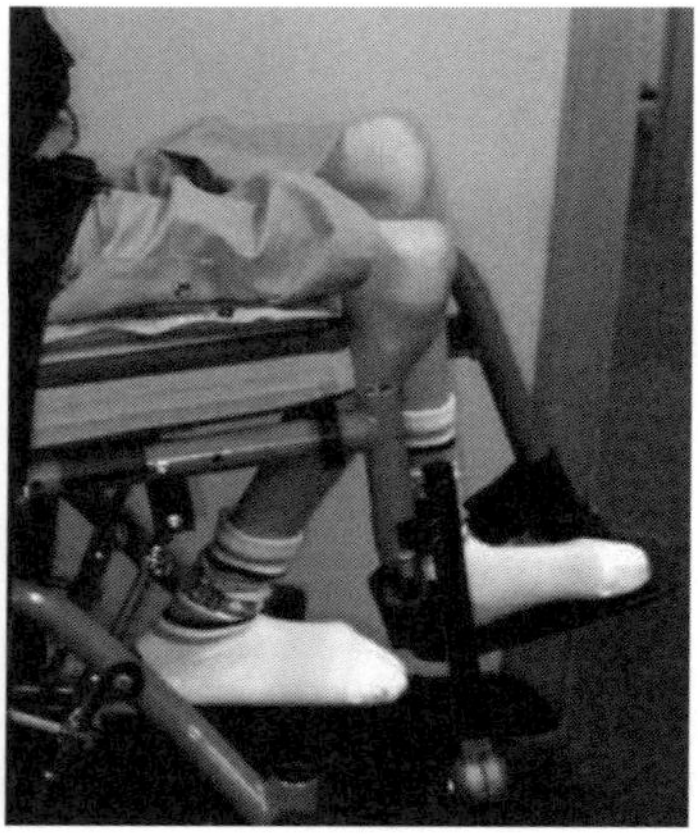

右足のハムストリングスの短縮　→　ハムストリングスの短縮への対応

スが硬くなり、「短縮」とよばれる、伸縮性のない状態になります。

そうなると、足を前に出すことが困難になり、さらに短縮が進むと膝関節の角度が九十度以下の鋭角になります。膝関節の可動域が九十度以下になると一般的な車いすの足台の上に足をのせることができなくなります。

しかしそのような障害児の足をむりやり足台に乗せたり、ふくらはぎを後ろからベルトや板で押さえたりしている車いすをよく目にします。足台の位置を内側に移動してハムストリングスをリラックスした角度で保持してあげなければ、ハムストリングスが前にひっぱられて骨盤が後傾した状態になり姿勢はずり落ちます。

ハムストリングスの語源は「もも肉のひも」。ひもがゴムひもから伸縮性のないひもに変わってしまえば、股関節や膝関節の動きによって骨盤が影響を受けるのです。

股関節の拘縮

股関節の拘縮で一番多いのは、股関節の角度が九十度よりも大きくなることで骨盤を後ろに倒した状態でしか座れなくなっている状態です。ずり落ちた姿勢をとりつづけることで骨盤は後傾しつづけ、股関節を動かす機会が少なければ拘縮してしまいます。膝関節と同様、関節可動域運動（ＲＯＭ運動）などの運動をすることで可動性を保つことができるのですが、運動をしている人は多くありません。

自分でできない障害児は家族が動かしてあげるべきなのです。一日五分の運動でも効果はあります。私は下半身が完全に麻痺して三十年近くになりますが、リハビリセンターで最初に教えられた関節可動域運動を毎朝五分行っているだけで股関節も膝関節も足関節も充分な可動性があります。

日中と夜間の姿勢

股関節と膝関節のことを姿勢保持の観点から考えると、日中と夜間は逆の姿勢をとることが望ましいと考えられています。車いす使用者の場合、日中は車いすに座っているので、股関節も膝関節も足関節も曲がっている「屈曲位」と呼ばれる姿勢です。夜間に仰向け(仰臥位)やうつ伏せ(腹臥位)になって身体をまっすぐな状態にして寝ることで、股関節も膝関節も足関節も伸びた「伸展位」と呼ばれる姿勢になります。屈曲位と伸展位を繰り返すことにより、関節は曲がることと伸びることを毎日繰り返すことになります。

就寝時間が八時間であれば、八時間の伸展位と十六時間の屈曲位をとることになり、関節の可動性をある程度保護して保つことができます。

しかし膝関節に拘縮があると、仰向けで寝ることもうつ伏せで寝ることもむずかしくなります。むりやり寝れば骨盤がねじれた状態になり変形をひきおこします。このようなむりな姿勢は、感覚のある健常者だったら痛くてがまんできないでしょう。しかし、障害や麻痺のある障害児は、このようなむりな姿勢でも平気で寝てしまいます。

その結果として変形が発生し、悪化が進み、脊柱や胸郭の変形、拘縮や脱臼の原因となってしまうのです。

就寝時にまっすぐな姿勢（伸展位）をとることができなければ、横向きで寝ることになります。しかし横向きの姿勢は側臥位。これでは日中の車いすでも夜間の就寝時も屈曲位をとることになります。関節が伸びる機会がなければ膝関節の拘縮はさらに悪化していきます。

車いすでも就寝時も側臥位をとらなければならない場合は、日中にできるだけ多くの関節可動域運動を提供して関節を動かしたり、異なった姿勢をとらせてあげたりすることが必要となります。ときどきリハビリを受けているからと安心している人がいますが、毎日一時間のリハビリを受けても、残りの二十三時間がずっと同じ屈曲位であれば、拘縮を防止することはむずかしいでしょう。

関節の可動性の維持には、動かすことが一番。自分で動かせない障害児は家族や関係者が他動的に動かしてあげることが必要です。

関節可動域運動に加えて、さまざまな異なる姿勢をとらせたり、水

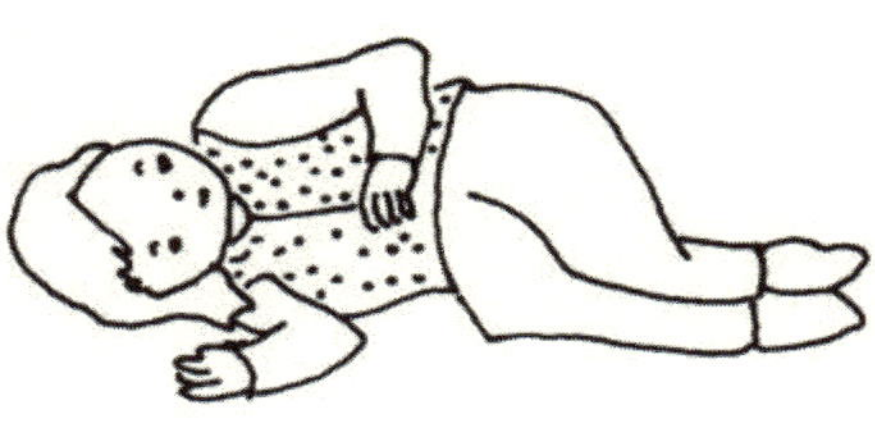

泳などのスポーツやレクリエーションをさせたりすること、そしてリハビリで関節を動かしてもらうことは、関節の可動性を保つためにおおいに推奨されます。リハビリの先生に家族ができる運動を教えてもらうとよいでしょう。

足関節の拘縮

足関節の拘縮と足部の変形は、尖足（足首が底側に屈曲すること）、内転・外転、内旋・外旋などの状態としてあらわれます。最大の原因は、足部の保持が不十分だということです。

足に麻痺があると足底からちゃんと保持せずにぶらぶらさせていたり、足台から足が落ちたりしていても平気な人をよく見かけます。健常者だってバーのいすのような高いすに座って、足台がなくてぶらぶらしていたら不快なはずです。姿勢も円背傾向になるなどの影響を受けます。障害児も同じなのです。足は足底からしっかりと保持することで、安定性の提供にも役立ち、足部の変形を防止します。

必要に応じて足部用のベルトでフットレストに足を固定します。特に拘縮がすでに生じている場合はフットレストの角度を調整して可動域にあわせるとともに、足が落ちないようにベルトで留めます。足底が適切に保持されていなければ、足部はいつも拘縮や変形の危険性にさらされています。

角度の調節できるフットレストとベルトを使って拘縮を矯正してよいか、と聞かれることがあります。

答えは「NO」です。

私がおすすめするのは、リハビリで足関節を動かしてもらって可動性が少しでも改

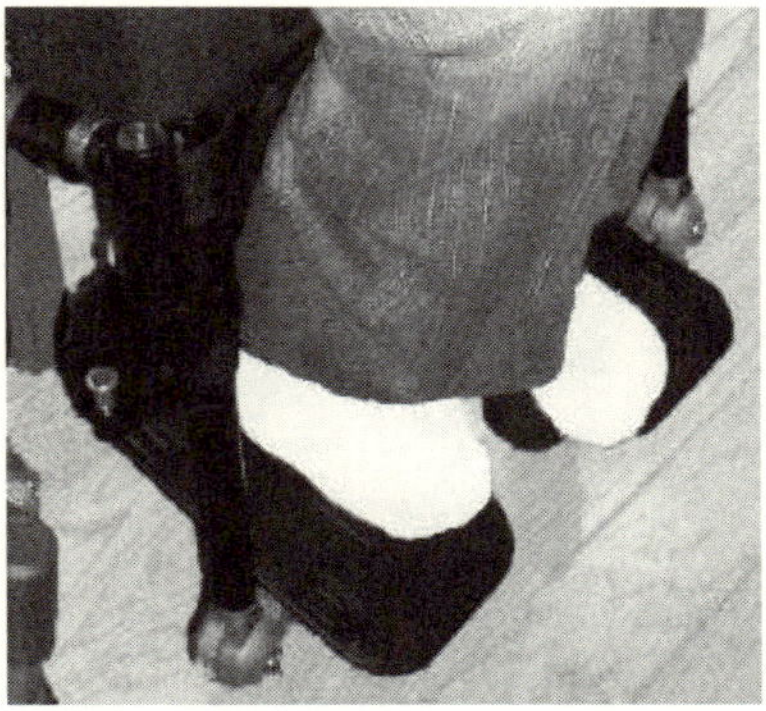

角度調節式フットプレートの使用例

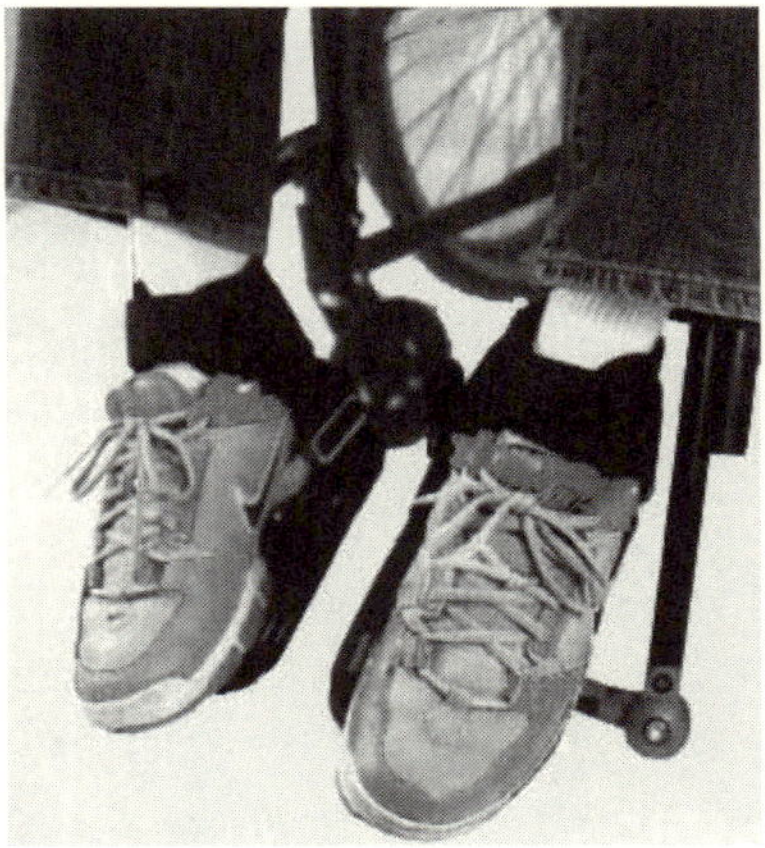

角度調節式フットプレートに加えて
足部ベルトを使用した例
(足首にベルトを回してかかとを保持)

善したら、フットレストの角度を調整して次回のリハビリまでの間に悪化しないように維持するということです。リハビリとシーティングをうまくあわせれば、リハビリの効果を上げていくことが可能なのです。もちろん家庭で行なう関節可動域運動はとても効果的です。

重力をうまく利用する

変形や拘縮の悪化には、重力が影響しています。有害な姿勢でいることで、重力が体を変形させますが、逆に重力を使って拘縮を戻すことも可能なのです。

膝関節の拘縮の場合、仰向けに寝ると膝が曲がってすきまができます。このすきまを膝の裏から保持すれば、仰臥位が可能になります。このときに適切な眠りに入って筋肉が緩み、緊張が緩和され、体重がかかり、体温が加わることで膝は少し下に沈みこむことが可能になります。

拘縮した膝関節をそのままの状態で保持するのではなく、この沈みこみが行なわれるように低反発クッションなどを用いて、反発力と沈みこみを調節します。膝が伸びていくとともにクッションの高さを徐々に低くしていくことで、膝関節の拘縮を伸ばすことが可能なのです。

膝関節以外の拘縮も、重力によって望ましい方向にいくように姿勢を保持することで、拘縮や変形の改善が可能になります。この技術は英国を中心に行なわれている「スリーピング」と呼ばれる就寝時の姿勢保持プログラムの技術のひとつです。スリーピングを提供するときは、日中の短い時間三十分ほどからはじめて、安全性を確認しながら徐々に時間を延ばし、三時間を超えたら夜間に移行していきます。

重力を利用するのは、車いす上でも同じです。**体にどのように重力がかかって影響を与えているかをいつも考えることが大切です。車いすの設定や調節はもちろん、障害児に日々かかわる家族や学校・施設の人たちは座らせるたびに体にかかる重力について考え、悪い影響がかからないこと、そしてよい影響を与える姿勢を提供することが大切なのです。**

このように、健常者はまったく気にすることもなく生活している「重力」が、障害者の姿勢と二次障害の発生に大きくかかわっているのです。

しかし反対に考えれば、重力に影響を受けない姿勢をとることができれば、二次障害の防止は可能なのです。

6　まとめ——二次障害の防止のために

日本では、生まれつきの障害児でも中途障害者でも高齢者でも、障害を負うと変形、拘縮、脱臼、褥瘡といった二次障害の発生は避けられないと、ほとんどの方が考えています。

しかし、この本でくりかえしお話ししているように、**「障害があるから二次障害が生じる」のではなく、「障害があることで正しい姿勢がとれなくなり、その悪い姿勢によって二次障害が生じている」のです。**

だから**二次障害は、防止できない障害児の運命としてあきらめるものではなく、よい姿勢を提供し、残存機能を酷使させなければ予防できるものなのです。**よい姿勢の提供はシーティングを中心とした姿勢保持で、酷使しないためには無理をせずに生活できるバリアフリーな環境の提供と適切な機器の使用で可能になります。

シーティングは、さまざまなすばらしい変化を提供することができます。その効果を最大限に得るためには、シーティングの施された車いすに乗る時間を、可能なかぎり長くすることが必要です。

せっかくシーティングを手に入れても、いつも車いすから降ろしていては、その効果は得られません。車いすから降ろしている時間が長いのであれば、スリーピングなどの車いすの外での姿勢保持が不可欠となります。

シーティングを体験した方たちは、みなさん驚き、とても喜んでくださいます。しかし、**シーティングはゴールではありません。シーティングはスタートなのです。**

二次障害の危険性が防止でき、残存機能を最大限に発揮できる姿勢をえられれば、活動性がめばえるはずです。活動性がめばえれば、子どもはいろいろなものに興味を持ちはじめ、自分をとりまく環境へ自ら働きかけ、また環境からさまざまなものを受けとります。そのようにして発達していくと思うのです。

姿勢の改善ができたら、お子さんの新たな目標を立ててください。悪い姿勢のときには考えられもしなかったことが、可能になるはずです。目標を達成したら、次の目標を設定して進んでいきましょう。ゴールは、お子さんの未来を明るいものにして、そこで成功者になることです。

車いすやシーティング機器も、購入することがゴールではありません。スタートなのです。

お子さんの姿勢については、いつも考えつづけてください。正しく座れているだろうか？　ベルトの位置や締め方は適切だろうか？　介助者や学校・施設の担当者にも、理解してもらう必要があります。

障害児をとりまく方たち全員が、よい姿勢について理解して実践することが、二次障害の防止には不可欠なのです。

子どものよい姿勢について、いつも考えて行動するのは大変だと考える人もいるでしょう。大変だからしない。だから今までは二次障害は防止できないと考えられていたのかもしれません。

しかし、生まれたままのまっすぐな姿勢の保護ができれば、お子さんは姿勢の問題に悩まされることなく成長し、発育し、生活していけます。お子さんはもちろん、ご両親や家族もさまざまな面で楽なのです。姿勢に関する問題の発生をおさえられるということは、変形の悩み、拘縮の悩み、脱臼の悩み、筋緊張の悩み、飲み込みや誤嚥の悩み、逆流の悩み、呼吸の悩みなどから解放されるということです。
そのためなら努力を惜しまないというのが英国の考え方です。英国で二四時間姿勢管理・ポスチャーケア・ファミリーワークショップの指導を受けたとき、先生は言いました。

「最終的な目標は、家族みんなが健康でハッピーになることです！」

日本では、障害児が生まれたらその子の面倒を見るために自分の生活や人生が犠牲になってもしょうがない、と考えられています。みんながんばって耐えしのんで子どもの面倒を見ています。しかし英国では家族みんなが健康で幸せになることが目的だというのです。

二十四時間姿勢ケアプログラムの第一段階である、「就寝時の快適性のチェックリスト」では、毎晩親が子どもの体温、室温、何を着せたか、何をかけたかなどについて、子どもが起きるたびにチェックして記入します。めんどうくさい作業です。記入するリストの最後に、興味深い項目を見つけました。

「何回面倒をかけたか？」

障害児が「面倒をかける」という考え方は、日本にはないでしょう。しかし英国ではそう考えていました。親に対して、兄弟に対して、介助者に対しての「面倒の回数」。起きたときに暴れたり大声を出したりしてしまう子は、アパートの隣人にも迷惑をかけているかもしれません。その回数を数えるのです。

面倒をかけられた人は安眠を妨げられたことになります。その回数が多ければ健康や精神的な問題も発生するでしょう。英国の考え方はそれを「障害児だからしょうがない」と甘んじて受けるのではなく、解決策を探して夜中に起きる回数（＝面倒がかかる回数）を減らし、障害をもった本人はもちろん、家族も健康になりハッピーになろうというのです。

前述の「二十四時間姿勢ケアプログラム」では、就寝時の子どもに対して最適な室温、湿度、寝巻き、上掛け、シーツ、そして姿勢保持の機器について検討し、最初は日中三十分から始めて時間を延ばしていき、三時間以上快適で安全に寝られるようになったら夜間に移し、家族の協力を得て、時間をさらに延ばしていきます。最終的には夜中に一回も起きる必要がなくなる家族もたくさんいるそうです。

「No Pain, No Gain」（労せずば効なし）という西洋人の好きな言葉どおりの活動だ、と感心しました。同様のことが、日本でも可能なはずです。最初は大変だと感じても、あきらめないでおこなっていけば、必ずよい結果が現れるはずです。

お子さんも家族もみんなが健康で幸せになり、お互いに余裕ができて、さらによい関係をつくっていけるのではないでしょうか。

I 障害児のからだ

II 車いすとシーティングで変わる
変形・拘縮・脱臼・緊張への対応

III シーティングで人生の変わった子どもたち

IV 子どもたちの未来のために

車いすの適切な設定とシーティングによって正しい姿勢が提供できると、さまざまな変化が起こります。

変形が予防できた方、脱臼が再発しなくなった方、筋緊張が緩和された方、不随意運動がコントロールできるようになった方、家族の負担が減った方、そして何よりも、障害をもったお子さん自身が快適に長時間車いすで生活できるようになり、残存機能が今までよりも発揮できるようになり、機能性が向上して、できることが増えた方。

この章では、そのような多くのお子さんたちの中から、十人のお子さんについて、ご家族の協力をいただいてお話しします。

成功例は毎日増えていて、この他にも紹介したい方がたくさんいらっしゃいましたが、ページの都合でご紹介できず、残念です。

1　小さいときから

適切な姿勢保持が早い時期に提供できれば、二次障害の予防は簡単です。変形や脱臼などの二次障害が生じてからでないと座位保持装置が提供されない地域もありますが、提供する時期が早ければ早いほど、シーティングに使う機器も簡単なものですみ、費用も少なくてすみます。

ここに紹介する方の中には、費用を自分で負担しても子どもの二次障害を防止して健康に発育させたいという、ご家族のすばらしい気持ちがあります。

早期からの安定した座位は、二次障害の防止だけではなく、視野が確保されて広がり周囲からの情報をたくさん吸収できることも含めて、成長・発育のために必要不可欠なものだと考えます。この成功例の方たちのように、早期から実践される方が増えることを願っています。

〈成功例1〉低酸素性虚血性脳症と脳性麻痺のちびっこ三人組（東京都）

ある養護学校でのシーティング・セミナーに飛び入りで参加したのが、当時三歳だったるるきくんのお父さんでした。たまたま見たテレビで私のシーティングの様子を見たのがきっかけでした。セミナーの内容に深く感動してくださったお父さんは、

「だけど新しい座位保持いすを注文したばかりなんです。」

と肩を落としました。私は、

「必要だったら他社の車いすや座位保持いすでも調整しますよ。」

と伝えました。一ヶ月ほど経ったころ、るるきくんのお父さんから連絡が届き、「新しい座位保持いすを使ってみたけれど、姿勢が保持できず、まったくダメなので、一度息子を見てほしい」との依頼がありました。すぐにご両親と息子さんに来ていただいて、シーティング評価を行ないました。セミナーに参加していなかったお母さんには、なぜ車いす上での姿勢が大切かというお話をしました。

最新の高価な外国製の座位保持いすはまったく体に合っておらず、姿勢は崩れたままでした。特に円背傾向が顕著なのがわかりました。バギーのたるんだ布製のシート

による影響でしょう。

私はまずるるきくんをマットテーブルに仰向けで寝せて、少し体の緊張をとったあと、体の採寸と可動域のチェックを行ないました。そのデータを使って、車いすを設定して乗っていただきました。

すると、るるきくんは安定して座れただけではなく、とても快適そうにしていましたが、しばらくすると寝てしまいました。車いすは基本的には寝る場所ではありませんが、よほど快適だったのでしょう。お母さんは、

「以前は泣きつづけてしまって、料理をするために数分目を離すことさえできなかった。」

と言われていました。高価な車いすを購入した直後でしたが、お金の問題ではない、とご両親は車いすを自費で購入することを決断。しかし区役所がご両親の熱意に賛同して、最終的には車いすの交付を受けることができました。

るるきくんのお母さんの感想——


「座位保持いす以前にベビーカーを使用していた時でも、背中の曲がった姿勢（円背）と苦しそうな呼吸が気になっていました。新しい車いすとシーティングによって、背中の曲がりが正常な方向に向かい、

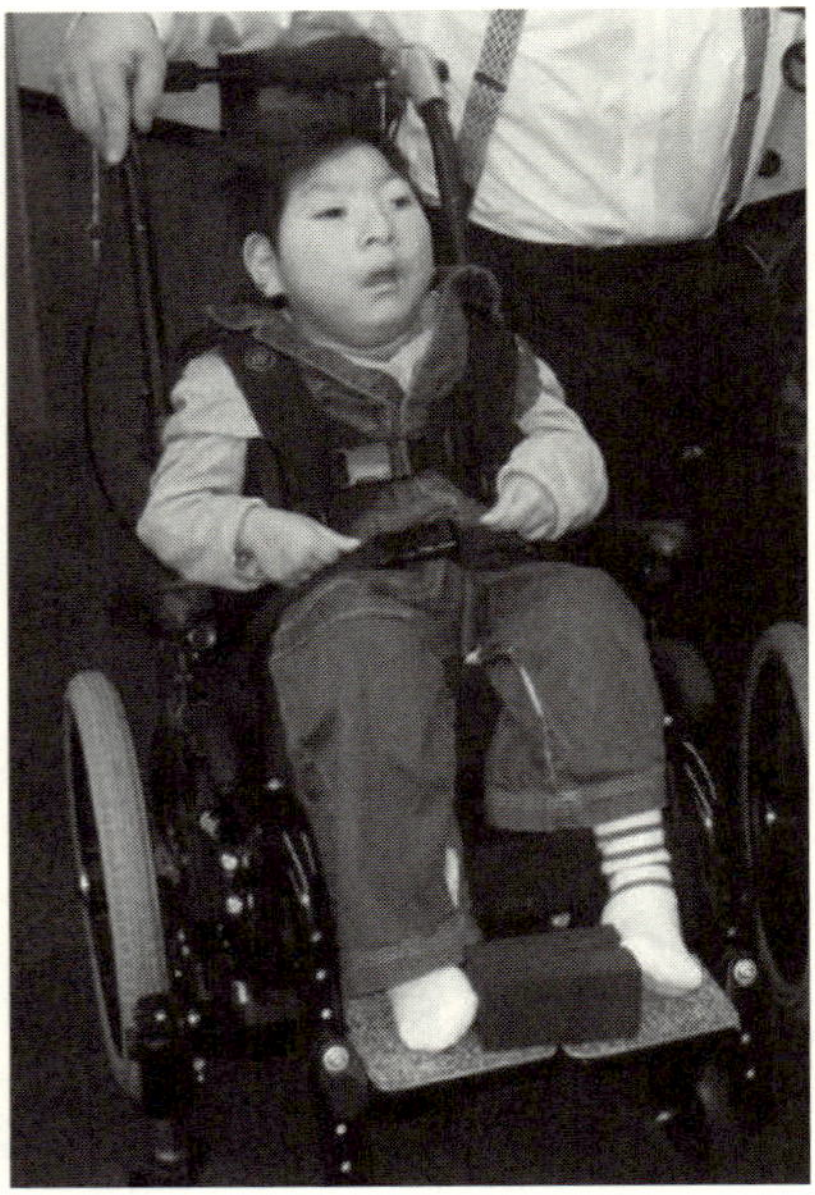

シーティング後のるるき君

正しい姿勢がとれるようになりました。呼吸も気にならなくなりました。車いすに乗せた後に抱っこすると、背中が伸びているのでうれしく思います。いつも寝ているので眼を大きく開けた顔を見たことがなかったのですが、車いすに乗せてから、眼を開けた息子の本当の顔を見ることができました。シーティングのほどこされた車いすに変えて、本当によかったと思っています。」

しばらくして、るるきくんの話を聞いた、同じく三歳で同じ低酸素性虚血性脳症のあやかちゃんのお母さんからメールをいただき、あやかちゃんのシーティングの評価と処方を行ないました。当時三歳だったあやかちゃんは健常児用のベビーカーを使っており、姿勢を保持するために、タオルやスポンジなどをすきまに詰めていました。あやかちゃんは緊張が強く、首の傾き、身体の反り返りがあり、よい姿勢で座ることができないとのことで、よい姿勢のとれる適切な車いすに早く変えなければと思っていらしたそうです。

シーティングで姿勢を改善したあと、以下のような感想をお母さんからいただきました。

「ベビーカーでは、斜めに倒していて寝ているような姿勢だったのが、九十度に近い角度でも、よい姿勢で座れるようになり、首がとてもよい位置に落ち着きました。エビのような反り返りも、車いすに座っている時はなくなりました。今までは抱っこで与えていた食事が、車いすに座ったままで与えられるようになりました。

まわりの人から「姿勢がいいね」と言われるようになったのも、うれしいです。

シーティング前のあやかちゃん

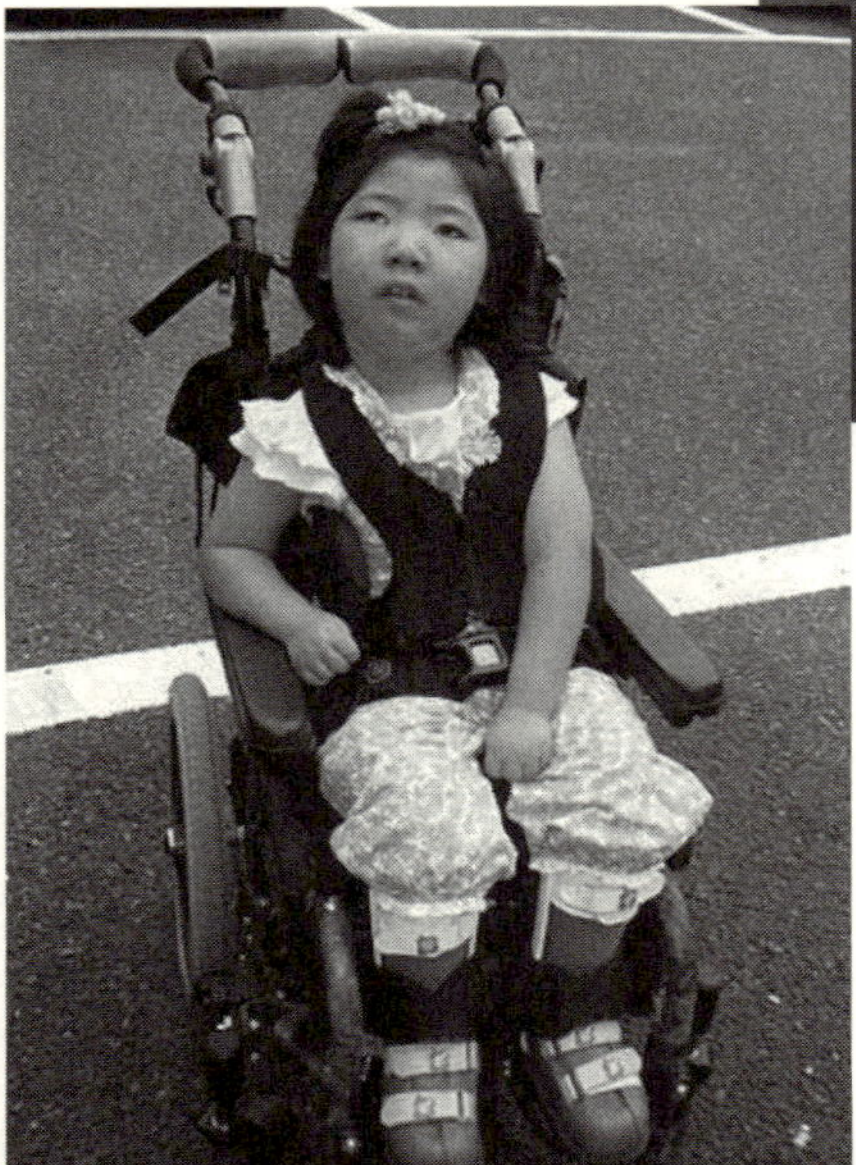

シーティング後のあやかちゃん

食事指導の際にも、この車いすに座らせて食事を与えたら、食事指導の先生に「首がよい位置に落ち着いていますね」と言われました。以前は首がすわっておらず、反り返りが強かったので、リクライニングせずに姿勢を保つのは不可能だと思っていましたが、この車いすとシーティングで実現できました。この姿勢だとまわりにいつか興味が出てくるのでは?と考えています。実際にそうなって、少しでも外に気持ちが向いてきてくれたらいいなと思います。」

三人めは、脳性麻痺で四肢麻痺のあもうちゃん。二人よりひとつ年上の四歳でした。新潟から東京に引っ越してきたあもうちゃんのお母さんは、あやかちゃんのお母さんのホームページを見て、同じ療育センターに通っていることを知ってコンタクトしたそうです。るるきくんのお母さんとも仲よくなり、三人のお母さんの交流が始まったそうです。

そんな時に、るるきくんの新しい車いすの話を聞き、あやかちゃん同様、側彎の進行に悩んでいたあもうちゃんのお母さんも、側彎が防止できるという話に惹かれて、あやかちゃんとほぼ同時に試乗を依頼したそうです。

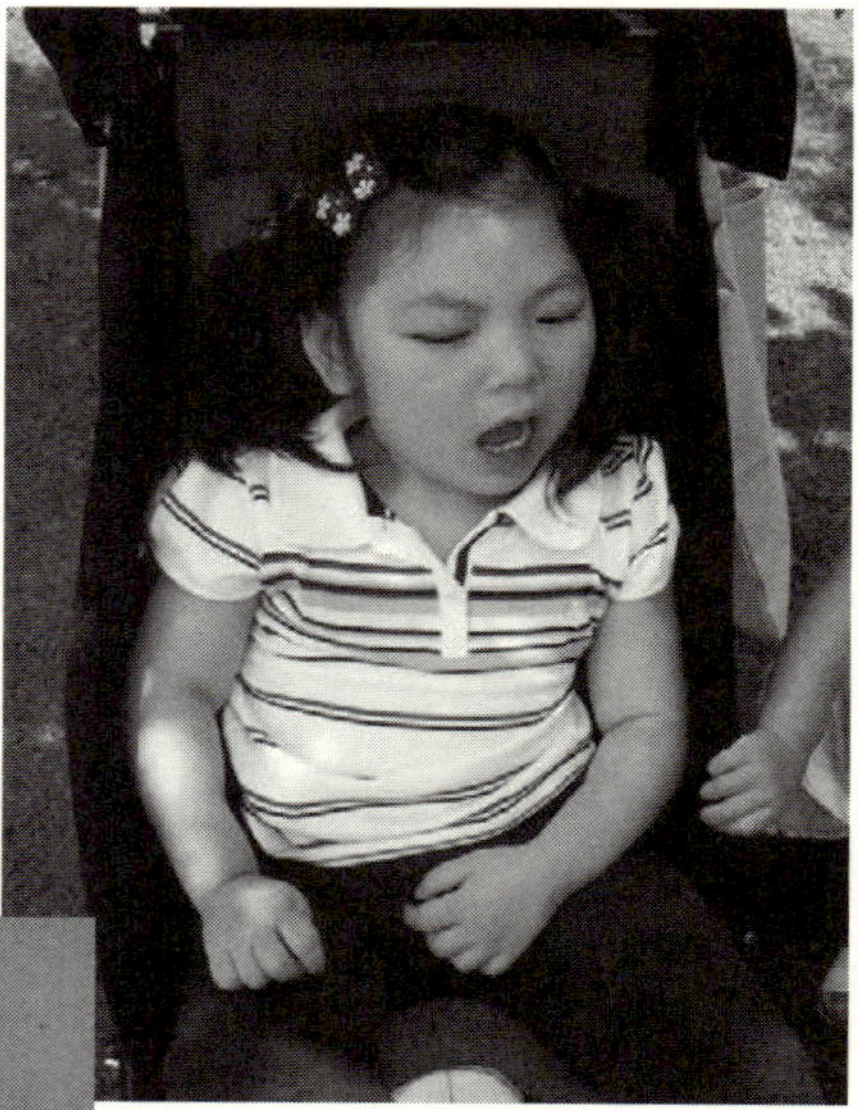

シーティング前のあもうちゃん

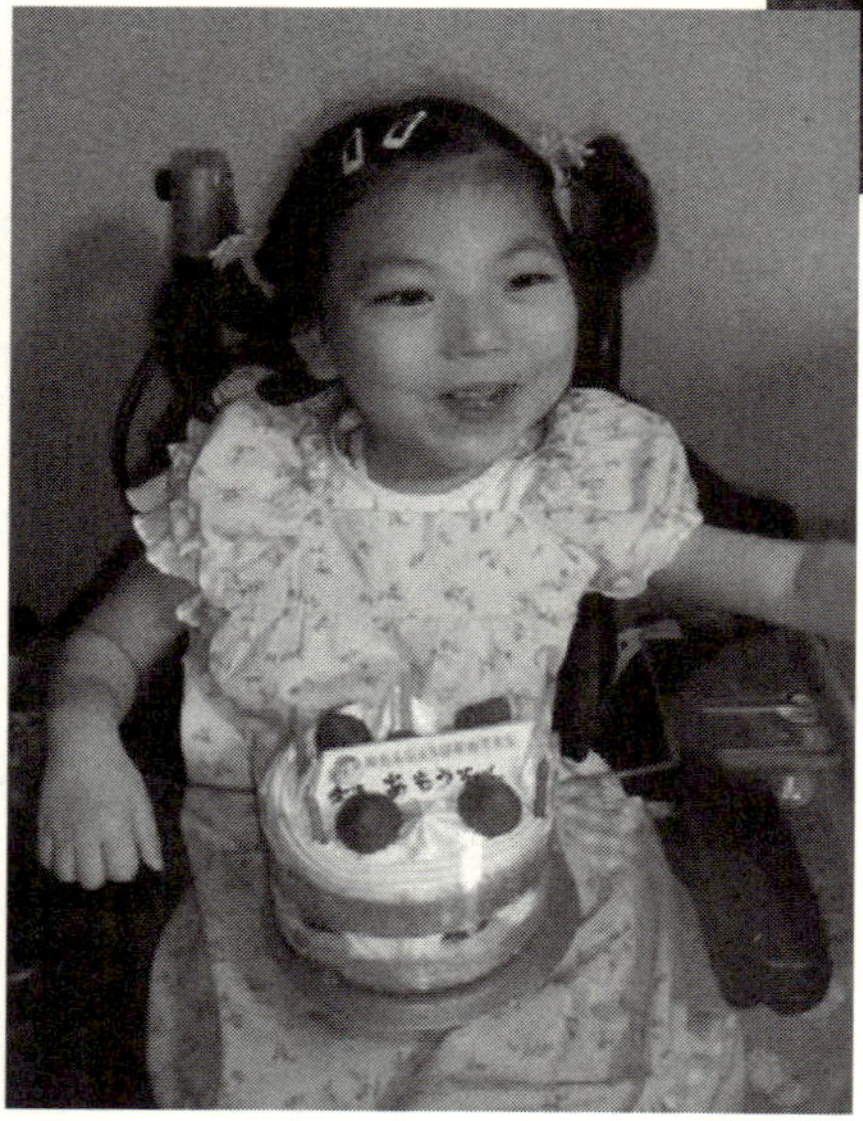

シーティング後のあもうちゃん

その後メールで私に最終調整を依頼され、お会いすることになりました。せっかくならみんな一緒に見ましょうという話になり、三人の子供たちと三人のお母さん、そしてるるきくんのお父さんの七人で、私の会社に来ていただきました。

セミナーには参加していなかったお母さんたちのために一時間ほどのミニセミナーをして、姿勢とシーティングの重要性についてお話ししました。その後、三人のお子さんたちをそれぞれシーティング評価。やはり、就学前の成長期により微調整が必要となっていました。

私はひとりずつ、成長に対応したシートとバックの調整、ラテラルサポートの位置と角度の変更、ヘッドサポートの各パッドの角度や位置の調整、ベルトの位置と角度の調整などを行ないました。私の考えで、ベルトやヘッドサポートそのものを変更した方もいました。

さらに正しいベルトの締め方と座らせ方についてご指導しました。適切なシーティングには、ご両親や家族の理解と正しい座らせ方が不可欠なのです。るるきくんのお父さんは工具を使うことも嫌いではなかったので、簡単な調整方法をお教えしました。アメリカなどでは、お父さんや兄弟が障害をもった子供の車いすやシーティング機器の調整を行なうことは、めずらしくありません。正しい知識を持ってこまめに調整することで、シーティングの効果はさらに高くなるのです。

あもうちゃんのお母さんの感想――「ベビーカーを使用していたときは、緊張が強いために頭の位置がだんだんずれてきて、上を見上げるようなずり落ちた姿勢になってしまいました。側彎があるので、座りはじめた時はいい姿勢がとれていても、長く座っていると姿勢がくずれました。このような姿勢で座っていたせいか、側彎と脱臼が見られました。座りごこちも悪くて、本人はかなり苦痛を感じていたようで、私にいつも訴えかけていました。

シーティングで姿勢を改善してもらったあとは、びっくりするくらいよい姿勢が保持できています。本人の緊張も緩和されました。もう長い時間座っていても姿勢が崩れることはありません。

今までは姿勢が崩れることを心配して車いすの背面の角度を起こすことがなかなかできず、いつも寝ているような姿勢になっていました。この車いすに変えてから、起きた状態で車いすに乗せられるようになりました。頭の位置も、崩れることがなくなり、目を大きくあけることも増えました。

このまま、よい姿勢で車いすに乗ることができれば、側彎の悪化は防げると期待しています。もっと早い段階でこの車いすに出会いたかったです。何か不都合があるとすぐに対応してくださる会社の対応もありがたいです。」

現在でも二ヶ月に一度くらいの間隔で、この三人のちびっこたちのシーティングのチェックを行なっています。成長にともなって微調整が必要になる箇所も多々あるので、それらの調整を行なっていますが、毎回微調整をくりかえしていくうちに、車いすのティルトリクライニングの角度もより垂直で大丈夫になり、最初は顎が上がっていて上を向いていた頭も、だんだん下げてくることができました。

お母さんによると、目がはっきり開くようになり、起きている時間が長くなったそうです。正常な視野がとれるようになると、まわりで起こっていることから刺激を受け、発育に役立ちます。

るるきくんとあやかちゃんは、目から見えた画像が脳に伝わっていない、または脳がそれを認識して理解できていないようだと言われているそうですが、頭部を含めた姿勢の改善により何かよい変化が生まれればと願っています。

この三人のちびっこたちのシーティングをするのは、私にとっても喜びです。シーティングの効果や変化が実感できてうれしいし、試行錯誤しながら少しでもよい変化をめざす、有意義な時間です。

これからも成長への対応とさらなる姿勢の改善を行なって、この子たちが健康に発育していくためのお手伝いをしていけたらうれしいです。

〈成功例2〉脳性麻痺・四肢麻痺の三澤結子さん（東京都）

結子《ゆいこ》さんは、五歳の脳性麻痺の女の子です。全介助レベルのとても重い障害をもっています。結子さんの問題は、強い緊張。そのため一人では座位がとれず、車いすからずり落ちていました。体は左後方に反り返るように伸びてしまい、足は足台に触れるだけで突っ張って、立ち上がろうとするような感じで、足台の意味がないような状態でした。病院の担当者も家族も、座位保持を使用しても座位をとることはむずかしいと思われていたそうです。

車いす上で食事をするとむせてしまうことも問題で、さまざまな製品を試してみましたが、緊張による反り返りやむせは改善されませんでした。

さらに、反り返ることによって肩や首に擦り傷ができたり、車いすのすきまに手足を挟んでケガをしたり、ずり落ち防止のために作った股間のパッドで股ズレをおこしたり、ベルトでお腹に擦り傷ができたり、車いすから上半身が落ちている感じでした。足をバタバタ動かすことで靴はよく脱げ、足には擦り傷などの傷が多くできていました。長時間座ろうとして熱を出したこともあったそうです。その当時は長時間座れるものがまったくなく、一日数回に分けても合計一時間車いすに乗るのが限界でした。

しかし小学校の入学を前にして、長時間座れて、毎日学校生活を送り、むせずに食事ができ、二次障害の予防ができる姿勢のための車いすとシーティング機器が必要でした。最低でも続けて一時間乗りつづけられる車いすがほしいというのが、お母さんの願いでした。

姿勢の評価をして、緊張のコントロールのために骨盤ベルトで骨盤を保持すると、反り返りは治まり、ちゃんと座れるようになりました。伸縮性があって動きを制限せずに体幹を保持できるベルトと、やはり動きを制限せずに頭が落ちたり挟まったりしないようにするためのヘッドサポートを提供しました。

結子さんのお母さんの感想――「**それまでは、新しい車いすを試そうとしても**

本人がいやがって、座らせること自体がかなり困難でしたが、シーティングをほどこした車いすは気に入ってくれたのか、初めての時から落ちついて、安定した状態で座ることができました。多少の緊張はまだ少しあるものの、一人での座位が可能になり、七時間ほども車いすに乗れるようになりました。(登校一時間、学校三時間、下校一時間、放課後二時間)」

表情による自己表現もできるようになったそうです。

「粘土などの工作や、絵の具を使ってのお絵描き、絵本のページをめくる練習、自宅で料理の手伝いなど、目的だった車いす上での作業もできるようになりました。

新しくスタートした学校生活も、うまくいきました。小学校では学校の決まりで、座位保持用のいすを作らなければなりません。そこで座位保持用のいすに車いすと同じシーティングのシートとバックをとりつけたところ、このいすでもうまく座ることができました。学校では、車いすと座位保持用のいすを併用しています。」

家族で旅行にも行けるようになったことを、ご家族は大変喜ばれています。以前は移動中、緊張が強いため結子さんから目がはなせず、本人も長時間の移動は疲れてし

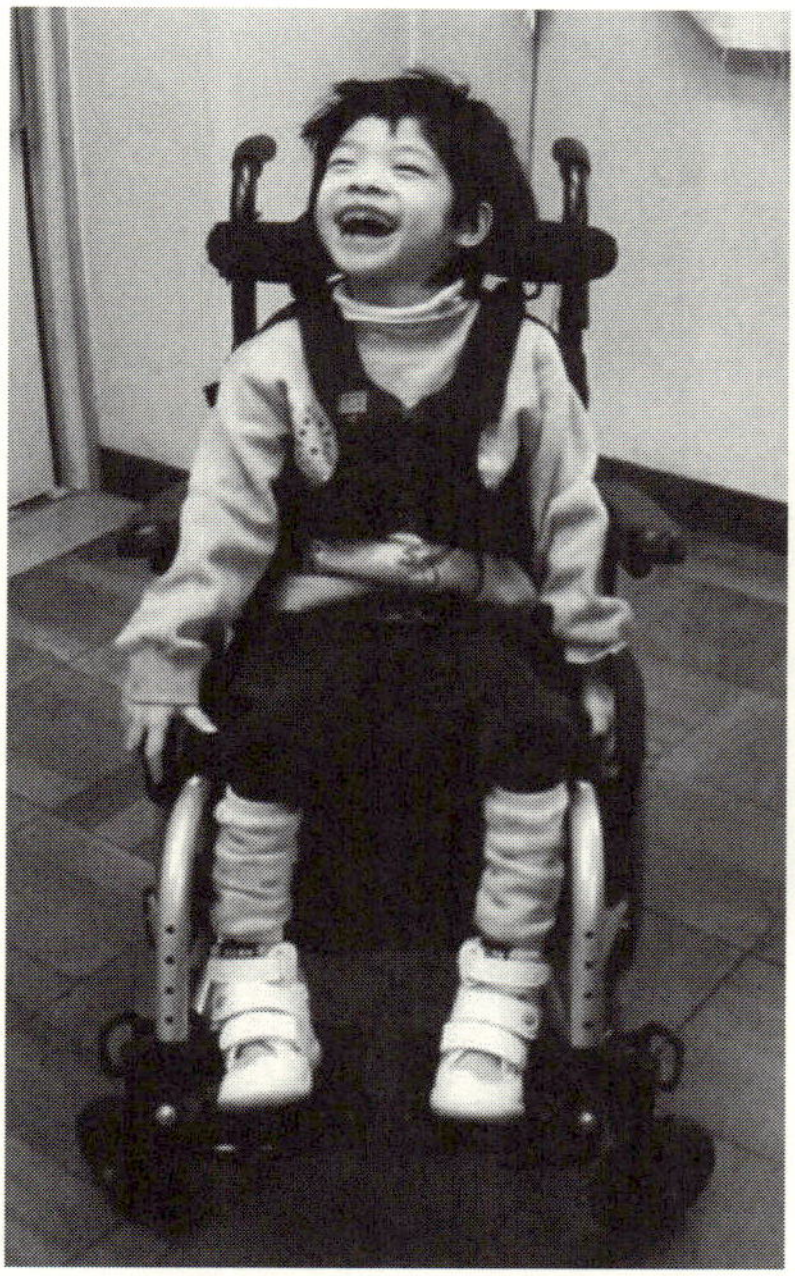

シーティング後の結子さん

最近の結子さん。お手伝いもできるように！

まうので旅行はあきらめていたそうです。

「今まではありえないことばかり」とお母さんはおっしゃいました。一人で座位をとれるようになり、車いす上でリラックスできるようになり、快適なのか移動中などに車いす上でリラックスして寝てしまうことさえあるそうです。

ひとりでは座れないと考えられていたお子さんでも、適切なシーティングによって緊張をコントロールして体を安定させ、車いすに座ることが可能になりました。

現在は、元気な小学三年生。これからが楽しみです。

2 緊張の強い例

強い筋緊張や不随意運動に悩まされている障害児のご家族もたくさんいらっしゃいます。適切な姿勢保持、特に骨盤の正しい傾きでの保持ができれば、緊張や不随意運動のコントロールは可能です。それによって不可能だと思っていたさまざまなことが可能となり、ご家族の負担も減ります。ここでは、筋緊張にかかわるケースをご紹介します。

〈成功例3〉脳性麻痺の井上創くん（東京都）

脳性麻痺の創《はじめ》くんの問題は上下肢、特に下肢の強い緊張と不随意運動でした。創くんは背もたれとヘッドレストが一体型のティルト式車いすに乗って、抑制帯を使用していましたが、お母さんによると、「車いすに乗っていると手足をバタバタさせ、身体が痛くなって一時間もすると車いすから降りたがっていた、抑制帯も痛いようでした し、背中も丸まっていた」とのことでした。

レストランでテーブルを蹴り上げて、塩コショーのビンを割ってしまったことがあったので、外食の時はいつもテーブルから離して車いすを固定し、手を押さえながら食事をしていたそうです。

創くんが十七歳のとき、それまでは車いすを何台作っても、採寸しているのに体に合うものができなかったということで、私の会社の社員が車いす作成のお手伝いをしました。シーティングはうまくいって、ずり落ちていた姿勢を改善できたとの報告を受けていましたが、しばらくして創くんがシートの股の間にある内転防止用のパッドを壊してしまったので、製造元に頼んで取付金具を強化してほしいという依頼が届きました。すぐに対応したのですが、またしばらくして同じ箇所を壊してしまったので、今度は取付金具ではなく内転防止パッド自体を溶接してほしいという依頼が届きました。そこで私はご両親に創くんのシーティングを再評価させてほしいとお話しして、私の会社に来ていただきました。

車いすに乗っているとき、創くんの足は非常に強い力で内転していました。この内側への力に加えて、激しい足の不随意運動が頻繁に起きます。その力はとても強く、この二つの力で車いすにのせたシートを壊してしまったのが分かりました。強い不随意運動が出たり、その不快感から体を激しく動かしてしまったりするたびに、お母さんは彼を抱えて車いすから降ろし、しばらくするとまた車いすに乗せるという生活をずっとつづけていたそうです。

不随意運動の多くは、筋緊張と同じように、シーティングと骨盤ベルトで骨盤を正しい傾きに保持することでコントロールできます。創くんの不随意運動もシーティングによってコントロールできるはずだ、とシーティングの評価をし直してみましたが、特に問題はありませんでした。

そこで、骨盤ベルトをさらに強力な四点で固定するものに変更して、骨盤ベルトを必ずしっかり締めてほしい、とご両親にお願いしました。

骨盤ベルトについて説明していると、それまで骨盤ベルトをあまり強く締めていなかったことが分かりました。創くんのご両親にかぎらず、多くの障害児のご家族は骨盤ベルトをしっかり締めることをためらってしまいます。きついとかわいそうという当然の親心でしょう。

しかし、「緊張への対応」の章でもお話ししたように、緊張をコントロールするための骨盤ベルトは、シートベルトとは違います。きつく締めなければ緊張の原因である骨盤の悪い傾きを改善して保持することはできません。実際に締めてみると、きつく締めても締め方と位置が適切であり、厚いパッドがついたベルトを使用すれば痛くないことが分かるはずです。

骨盤ベルトの必要性と締め方についてご両親に説明して、試してもらうことにしました。すると二、三日してお母さんからお電話をいただき、創くんが車いすにずっと乗っていられるようになったので、彼を車いすから降ろす必要がなくなったと知らせていただきました。とてもうれしいお知らせでした。

お母さんによると――「車いすに乗っているあいだは緊張が軽減され、長時間車いすに乗っていられるようになったのが特に実感できたのは、車いすが変わって初めて十和田湖に旅行したとき、それまでは一時間ぐらいで車いすから降りたがり、車のシートを倒して横になっていたのですが、そのときは七時間近くずっと車いすのままで、途中何度も「降りる？」ときいても「だいじょうぶ」と言い、結局現地までそのままでした。

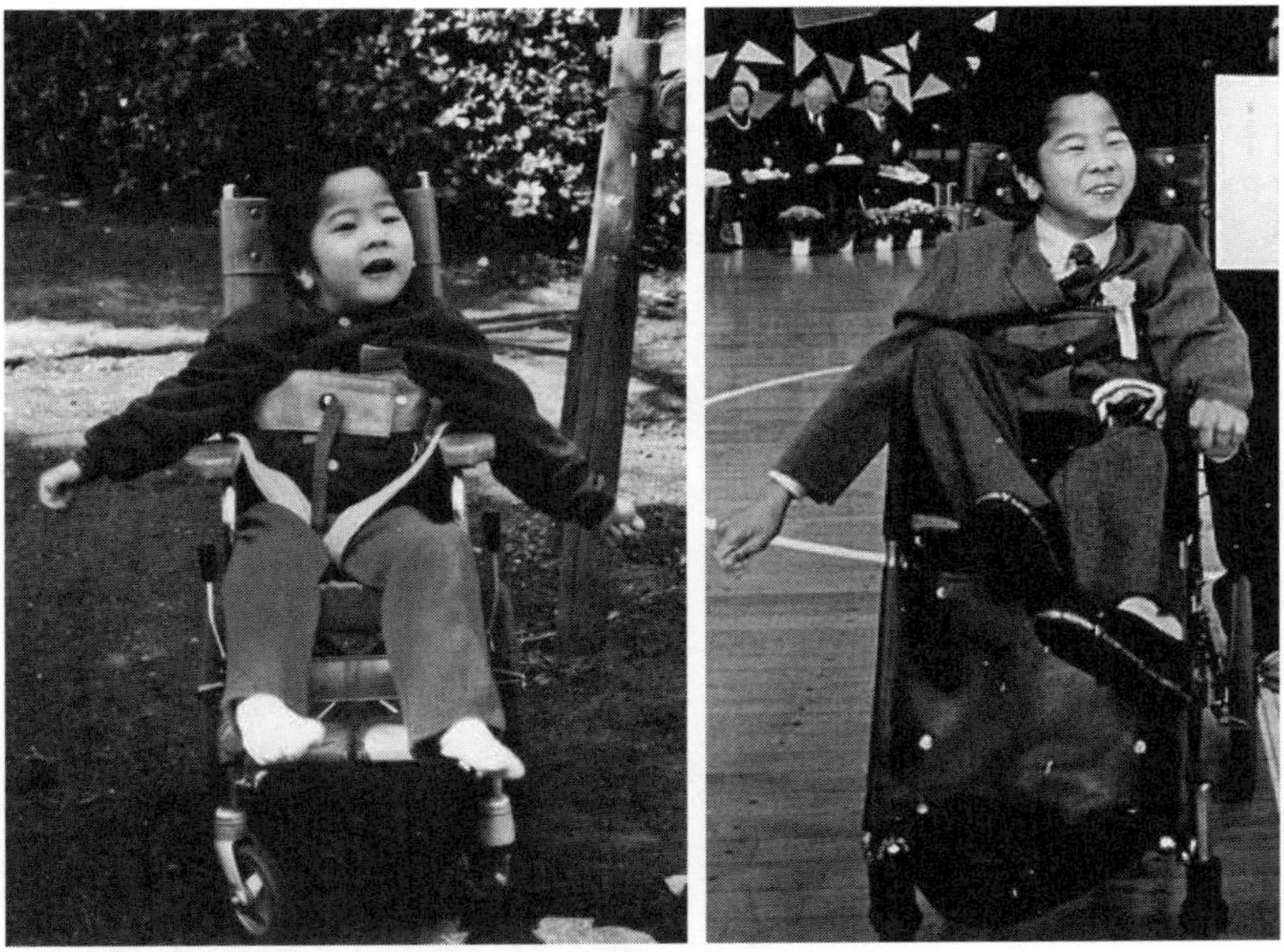

シーティング前の創くん（7 歳, 14 歳）

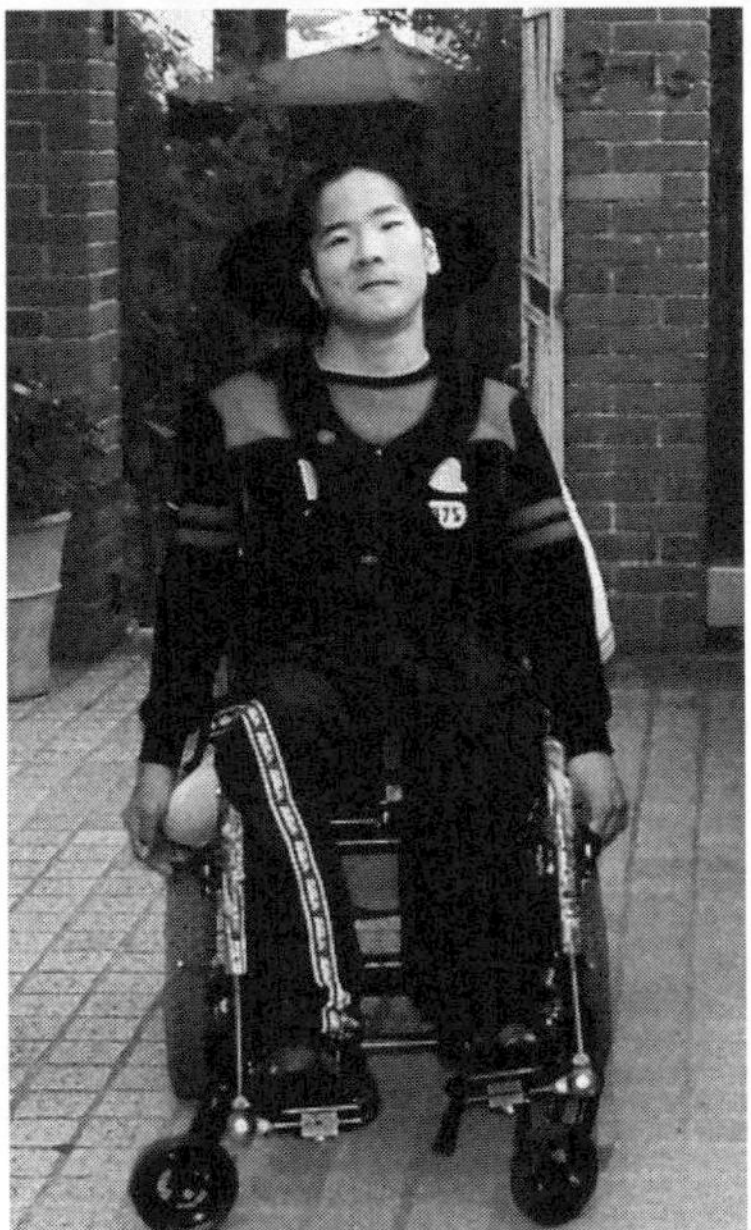

シーティング後
最近の創くん（25 歳）

こんなに長時間車いすに乗ったままですごせるのかと、びっくりしました。それからは長時間の外出も気兼ねなくできるようになり、行動範囲が広がりました。ときどき横になれる場所を確保しながらの外出計画を立てる必要がなくなり、電車や新幹線にも乗れるようになりました。」

現在、創くんは重度身体障害者グループホームで生活しながら、区のデイサービスである福祉工房に月曜から金曜日まで通所して、元気に生活されています。

ご両親には創くんのことをとても喜んでいただいてうれしかったのですが、お母さんの気持ちはさらに広がって行きました。地元の障害者の自立を支援する団体の理事長をされていたので、もっと多くの人に自分の子どもと同じ喜びを味わってほしい、困っているご家族を助けたい、採寸しているのに体に合う車いすができないと思っている方には、ぜひシーティングを勉強してほしいと、何度もシーティング・セミナーを企画・開催してくださいました。

それがきっかけで、創くんと同じように筋緊張が強くて困っていた脳性麻痺の方たちを、何十人もお手伝いすることができました。このような輪が広がっていくことは、うれしいかぎりです。

〈成功例4〉脳性麻痺の片山夏樹くん（千葉県）

千葉県の特別支援学校の中等部に通う、音楽が大好きな脳性麻痺の夏樹くん（十三歳、中学二年生）。全介助レベルの、とても重い障害をもっています。

夏樹くんの問題は、姿勢の崩れ、車いす上での不快さ、そして強い筋緊張でした。緊張が強いことで、手を自由に使うことができません。以前は食事の介助時や移動時に車いすに乗る必要がありましたが、むりやり乗せていた状況で、本人が嫌がるので一日の大半は床か布団ですごしていたそうです。

筋緊張のコントロールには骨盤の保持が不可欠なので、コントゥア・シートとソリッド・バックを使って、骨盤を正しい傾きで保持しました。さらに緊張によって骨盤の傾きが崩れないように、骨盤ベルトを使って骨盤をしっかり保持しました。すると、緊張がおさまって、上肢を自由に使うことができるようになりました。

適切な車いすとシーティングによる正しい姿勢の提供後、お母さんによると、さまざまな変化があったそうです。

お母さんのコメント――

「休みの日や放課後などに車いすに座らせていると、

緊張で身体が反り返り、泣いてしまうので、見ているのがつらく、家事にも集中できませんでした。車いすを替えてからは目に見えて姿勢の崩れがなくなり、三十分しか乗っていられなかった車いすに一回に二時間、一日五～六時間も乗っていられるようになりました。

つらそうな表情がなくなって表情がやわらぎ、笑顔が増えたので安心して見ていられるようになり、心にゆとりができました。以前との大きな変化は、車いすに乗せるだけで泣いていたのが、自ら喜んで車いすに乗るようになったことです。笑顔が増えました。

本人はもっと長く車いすに乗っていられるかもしれないと思うのですが、前の車いすの時に、乗せただけですぐに拒否反応を示して泣き出したのを思い出して、早めに降ろしてしまっていると思います。しかし暑い夏も終わったので、痰と咳の介抱の時や、他のいろいろな姿勢をとらせる時以外は、本人の拒否反応がないのを確認しながら、少しずつ乗車時間を延ばしています。

呼吸も楽になり、食事の時にむせることが少なくなりました。思いっきり咳をすることもできるようになったので、痰が楽にとれるようになりました。脳神経科の先生からも、咳が緩和されたこと、特に痰を切るのが上手になったと言われました。車いすを変えなかったら吸引機を使うことも覚悟していたので、すばらしい変化でした。

大きな問題だった緊張に関しては、さらに大きな変化がありました。全身の力が抜けて手が下ろせるようになり、車いすから降ろす時に緊張で強く全身が反り返っていたのが緩和されました。

学校の先生によると、以前との大きな違いは、自分で緊張のコントロールができるようになったことだと強調されていました。OTの先生も、自分で緊張のコントロールができるようになって肘が曲がるようになったことで、以前よりもスイッチ操作がスムーズにできるようになったと言われました。

自分で話すことができないので、コミュニケーションには、音声を録音してボタンを押すと音声が流れるビッグサイズのスイッチ二つをテーブルの上に置いて使用しています。二つのスイッチにそれぞれ異なるメッセージを周囲の者が録音して、楽しかったことやその日にすることを、学校の「朝の会」と「帰りの会」の時に自分でスイッチを押して発表しています。以前は二つのスイッチを、どちらも左手で押すことが多かったのですが、シーティングで正しい姿勢がとれるようになってからは、左右の手の使い分けが可能になりました。周囲の人の質問に対して、手の動きや発声で応えることも多くなりました。

車いす変更後の一番の変化は、手の動作です。それは大好きなキーボードの演奏に現れました。使用しているキーボードは、簡単に曲を演奏できるもので、どの鍵盤を押しても正しい曲を奏でてくれるものですが、押して離す動作を繰り返すことで曲が成立するので、鍵盤を押した後に離さないと次の音が出ません。以前は、車いす上で演奏を始めると筋緊張が強くなってコントロールできず、腕が伸びた状態になってしまい、鍵盤を押す時間が長すぎたり、鍵盤が押せなかったりして、一曲弾くのに長い時間がかかっていました。曲としても聞きづらく、演奏できる状態とはいえませんでした。

しかし姿勢の改善後は、手がキーボードから離れてしまうことが少なくなり、鍵盤を押したり離したりするタイミングも、なめらかに行なうことができるようになりました。車いすを変えて五ヶ月後に、自立活動部で練習した成果の発表の場として、小学部六年のクラス主催でコンサートが開催されました。息子は上達

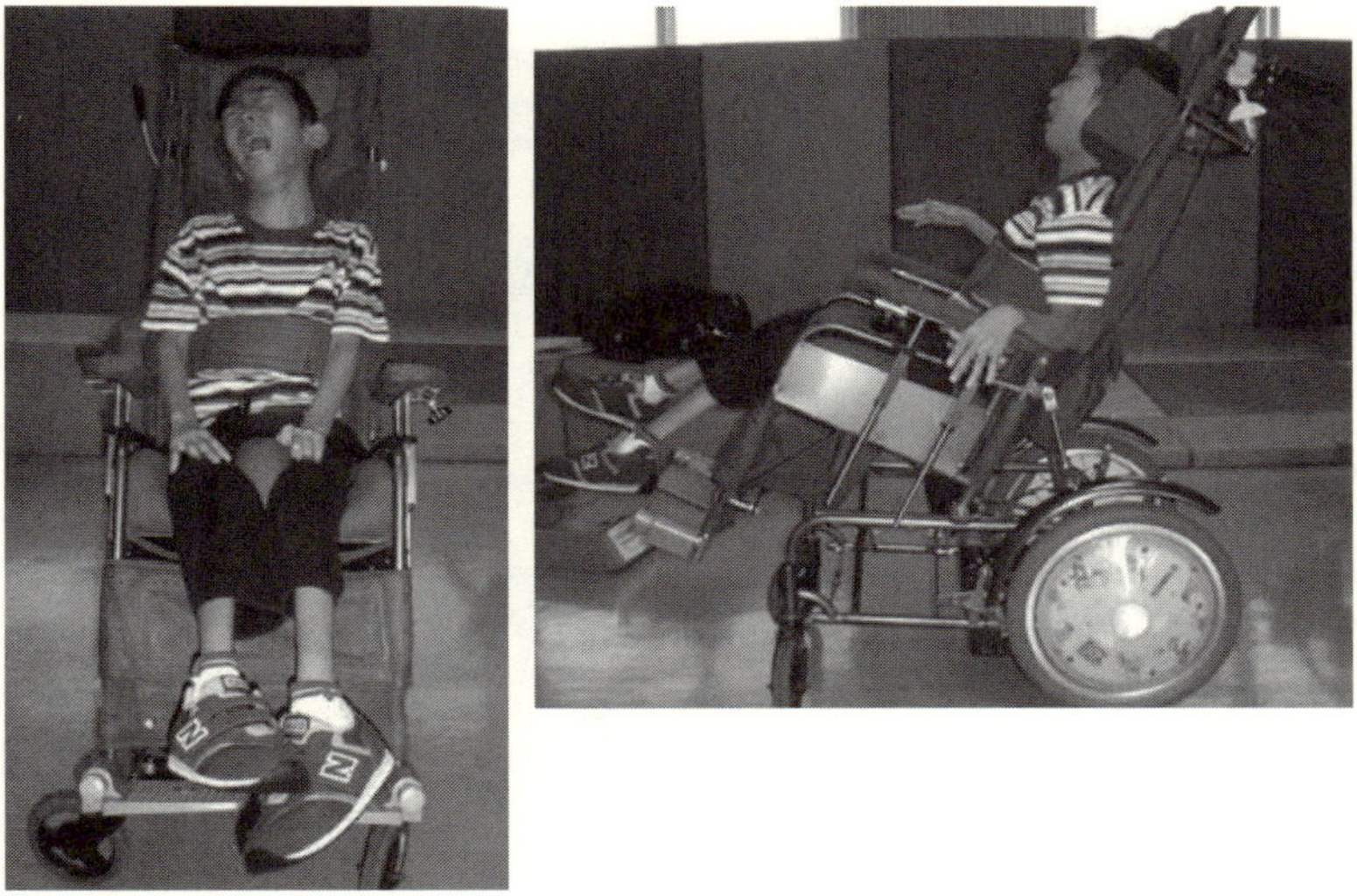

シーティング前の夏樹くん

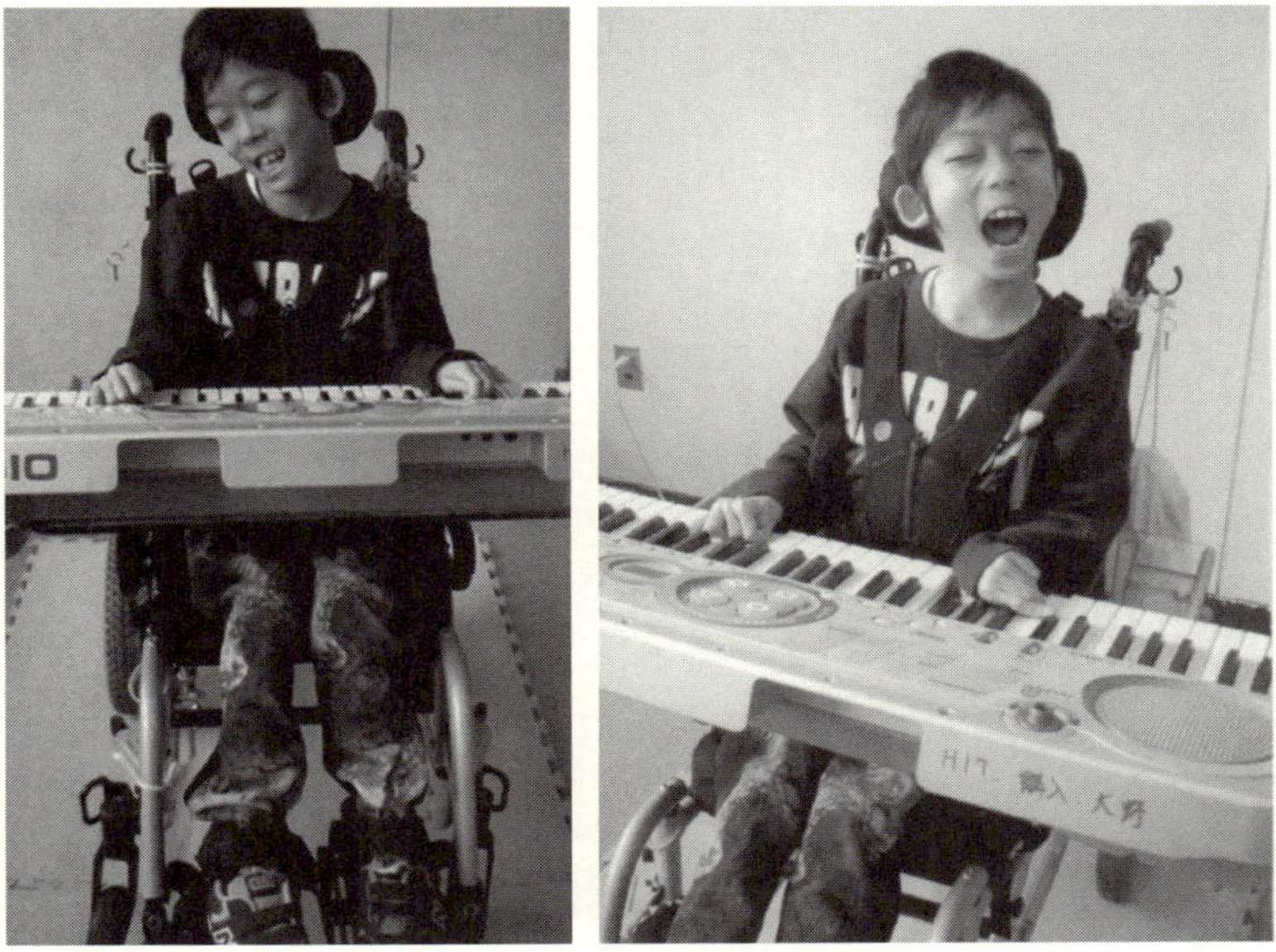

シーティング後の夏樹くん

したキーボードを披露したのですが、たくさんの人の前という、ふだんとは異なる環境。〝精神的な緊張〟のためうまく弾けませんでした。

しかし、自立活動部での練習をつづけ、「星に願いを」と「大きな古時計」を上手に弾けるようになり、コンサートで発表できる状態になりました。次の機会が楽しみです。

息子にとって、音楽やさまざまなコミュニケーション方法で相手に「伝わる」という喜びが、今は自信と意欲につながっているようです。」

3　脳性麻痺以外の障害でも

シーティングの依頼で圧倒的に多い障害は脳性小児麻痺ですが、脳性麻痺以外の障害のお子さんの依頼も多くなっています。

脊髄損傷や二分脊椎のお子さんは、基本的なシーティングで対応でき、筋ジストロフィーのお子さんは、予防と早期の対応を中心にシーティングを提供します。

進行性の障害に対しては、拡張や調節が可能なモジュラー型の車いすとシーティングを使用して、将来的な変化に対応します。

私にとってむずかしいのは、染色体起因の障害や、レット症候群などのお子さんです。知的や情緒的な重複障害の存在によって、本人からよい姿勢を保つための協調を得るのがむずかしいからです。このような場合、家族の協力が成功の鍵となります。

〈成功例5〉染色体起因障害の岡田真和くん（愛媛県）

十四歳の真和《まさかず》くんをある展示会で見かけたとき、せっかく高価な外国製の車いすを使っているのに、まったく調整されておらず、体にあっていないことがとても気になってお母さんに声をかけ、車いすを体にあわせて設定することの重要性をお話ししました。ちょうどその後に会場で私のシーティング・セミナーがあったので参加していただいたところ、とても感動してくださって、いつか愛媛でも開催してほしい、と言われました。

まずは、真和くんの問題解決から。真和くんの障害は、染色体起因障害のひとつである「４ｐ－症候群」による肢体不自由。全介助が必要で、障害には左右の非対称性があり、姿勢は低緊張で、いつもなにかで支えていなければ保持できない状態。右手のみ使うことができました。

当時の真和くんにはすでに側彎が生じていて、コルセットをしていました。車いすでの飲食はむずかしく、食事は食事用のいすに乗りかえて斜め上を向かせて流しこんでいる状態でした。感覚的には、反応は少なく、何かに興味を示して意思表示をすることもほとんどなく、人にされるままという感じでした。

お母さんは「息子の心が知りたい。頭の中をのぞいてみたい」とそればかり思っていたそうです。

「すべて私からだけの一方通行のアプローチに不安だらけで、それでも何かをしていないと暗闇に引き込まれそうになるのです。ただ私があきらめたら、そこで息子の成長も止まってしまうと思っていました。自分が疲れてしまうのが恐ろしくもありました。」

シーティングを提供したあとの感想は――

「シーティングのおかげで、垂直な姿勢が保てるようになり、車いすのままで食事がとれるようになりました。成長期の一番大切な時期にシーティングをしていただいて本当によかったと思っています。整形のドクターがレントゲンを見て側彎の傾きの角度が減ったことに驚いていたのが印象的でした。視野が保てるようになり、生活の中で何が起こっているのか見えることで、欲しいもの、行きたい場所、やりたいことがとてもはっきりと表せるようになりました。自分の気持ちを伝えるのも、とてもわかりやすくなりました。（コミュニケーション機器のおかげでもあります。）どんどん手を出すようになり、まったく役に立っていなかった左手も、車いすをこぐ際にブレーキや方向転換の役目をはたすことができるようになりました。とにかく自由自在に動いています。

息子は今年二十二歳になります。彼が人生を楽しく過ごすためには、まわりの人たちとのコミュニケーションが大切だと思っています。万が一私たち夫婦に何か起こっても、息子には楽しく生きてほしいのです。将来的には、グループホームなどでの自立した生活をめざしています。愛媛県には重度重複障害者のグループホームがまだありませんが、できることを熱望しています。

今はとにかく行動的になった息子をみんなに見てもらいたい。それが一番わかりやすいからです。私はそのときどきに息子に何が必要なのかを考えて与えたいという一心で行なってきました。その結果が今の息子なのです。体によいことととしてシーティングを適切にとりいれれば、悪い方に進むことは最小限に抑えられると思います。大事なのは、必要なときに必要なことをすみやかにとりいれることだと思います。」

真和くんのシーティングを提供して二年後に、岡田さんは養護学校のＰＴＡを説得

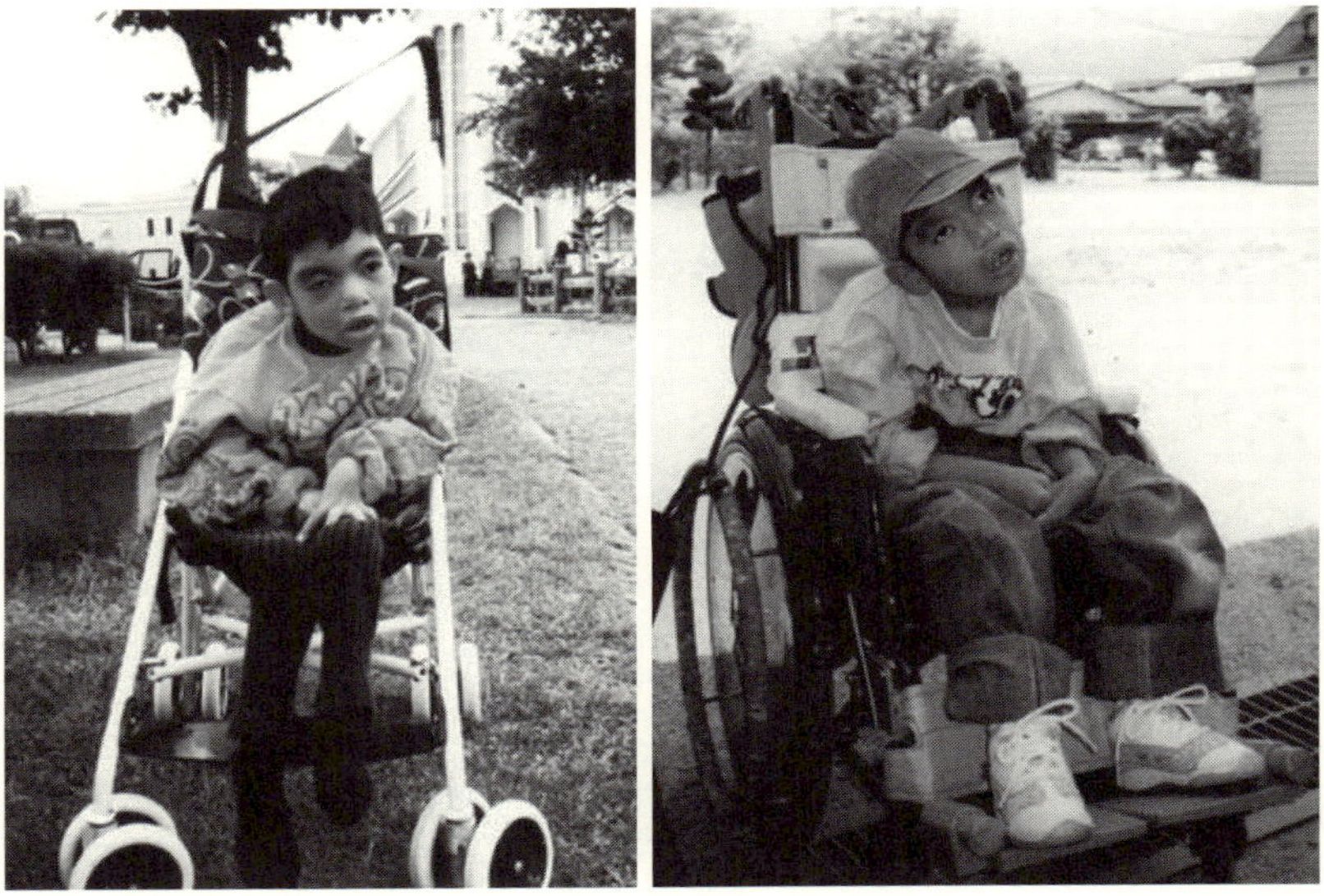

シーティング前の真和くん

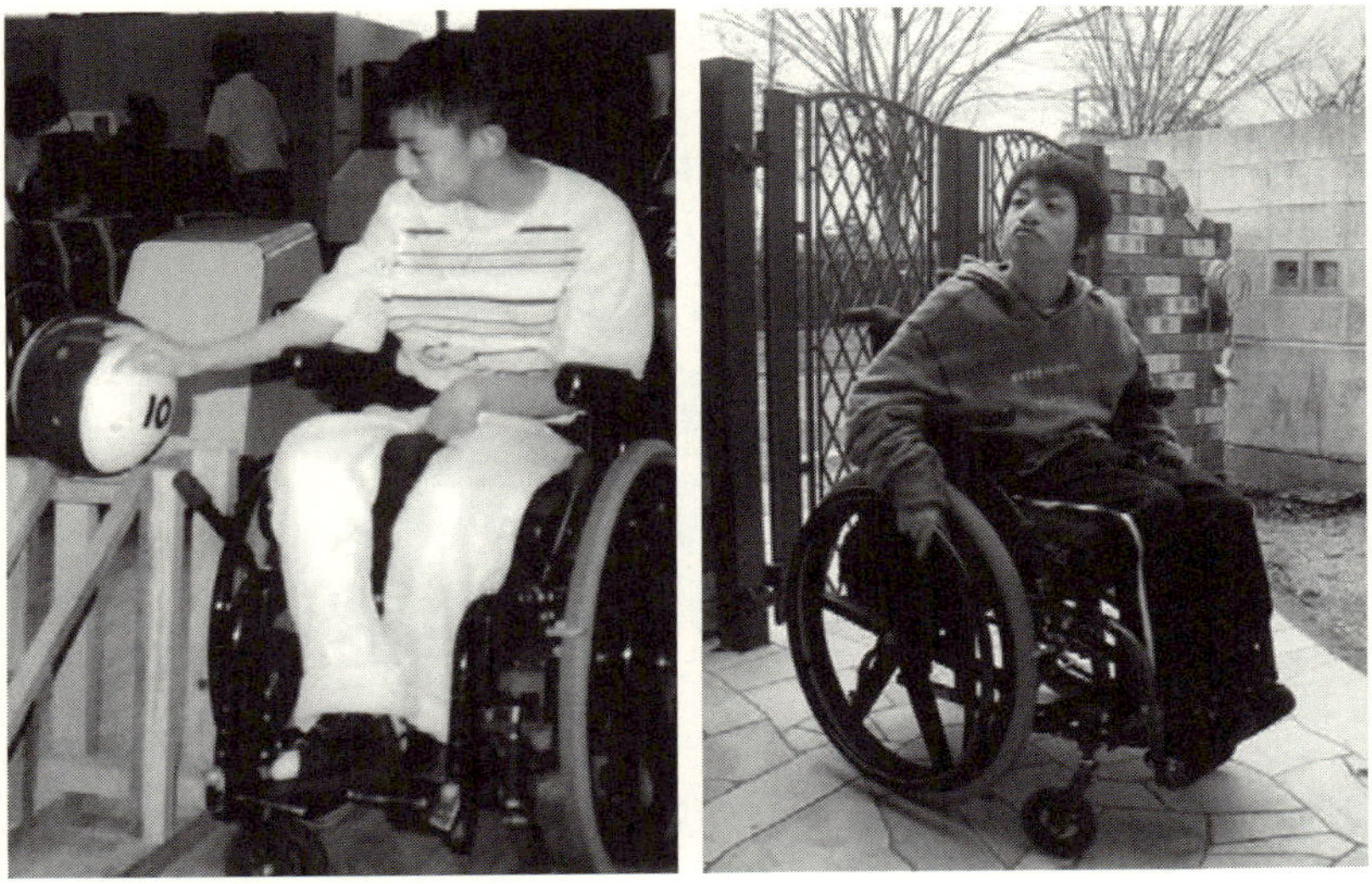

シーティング後の真和くん

して私を愛媛に招き、愛媛県初のシーティング・セミナーを開催しました。セミナーの後半では実際に何人もの障害をもったお子さんたちにシーティングを体験してもらいました。

彼女はセミナーとシーティング体験会に小児科の医師、福祉事務所の方などを呼んで、シーティングの大切さ、そしてシーティングを早い時期に提供することでひどい変形などの二次障害が防止できるので、県や国としても長期的に考えれば経済的に得だ、ということを示しました。

その後も療育センターでセミナーを行なって、ＰＴ、ＯＴの方たちにシーティングを覚えていただきました。真和くんがシーティングによって二次障害を受けることなく健康に成長しただけでなく、岡田さんは愛媛にシーティングを根づかせて多くの障害児を救うという、すばらしい活躍をされたのです。

4　進行した変形への対応

変形や拘縮が進んで固まってしまうと、シーティングをしても改善することはむずかしくなってしまいます。固定した変形の方には、悪化の防止を中心にシーティングを提供します。しかし全ての変形が改善できなくても、骨盤の傾きから始めて適切なシーティングを提供することで、車いすで快適にすごせる時間が延び、残存機能が最大限に発揮できるようになり、さまざまな変化が現れます。

ここでは、そんなケースをご紹介します。

〈成功例6〉脳性麻痺の伊藤玲央くん（東京都）

夏休みに東京大学で開催された、障害をもつ中高生に大学進学について興味をもってもらうためのプログラムで講演をさせていただいたとき、聴講者の中にいたのが、都立の定時制の高校に通う十六歳の伊藤玲央《れお》くんとご両親でした。

講演は、私自身の幼年期から現在までの話で、人生いろいろなことが起こっても前向きに考えて進んでいけば成功できる、という話でした。実際に私は人生の中で、小児喘息《ぜんそく》、髄膜炎、脊髄損傷、褥瘡、膀胱癌とさまざまな試練を与えられていますが、すべてプラス思考で乗り越えてきました。

そんな話の中で、最後に私のライフワークであるシーティングについても話しました。

講演終了後に、多くの方たちの質問を受けたりお話をしたりしましたが、伊藤玲央くんのご両親は講演の内容よりもシーティングについて興味を持たれて、変形に困っている玲央くんの体を見てほしい、と依頼されました。

ごく一般的な背布と座布の車いすに乗っていた玲央くんの体は、折れ曲がってとても小さく見えました。側彎と骨盤の傾きと後傾がとても顕著でした。車いす上では骨盤の傾きを戻すことができなかったので、車いすから降りてチェックさせてもらうことにしました。会場にはマットテーブルなどがなかったので、いすをいくつか並べてその上に寝てもらい、骨盤の傾きや側彎に可動性があるかどうか、チェックしました。

仰向けでまず顕著だったのが、左側の肋骨下部の変形。十センチ近くとび出していました。「つい最近こうなったんです」と玲央くんのお母さんが教えてくれました。もし骨盤の可動性がなかったら、悪化を止めるための対応はできても改善はむずかしいレベルまで変形は進行していることを、私はご両親に伝えました。そして玲央くんの骨盤を両手で動かしてみると、骨盤にはまだ可動性が少しながら残されていました。肋骨の変形にも可動性がありました。私は、

「まだ何とかなると思います。一度、実際にシーティング機器を使ってどの程度まで姿勢を戻すことができるか、試させてください。」

とご両親に言いました。

玲央くんのご両親は、すぐに連絡をくださいました。私も予定を調整してすぐに会社に来ていただき、シーティングの評価を始めました。

車いす上の姿勢の評価では、さまざまな問題が見つかりました。骨盤の後傾と左側への傾き、顕著な左凸の側彎、左肋骨下部の飛び出した変形、背面の陥没、股関節のウインドスエプト変形、右足のハムストリングスの短縮、高い緊張などです。マットテーブルの上で仰向けに寝ていただくと、顕著な体の変形に加えて、左肋骨下部のとび出した変形と背面の陥没がかなり進んでいるのが分かりました。

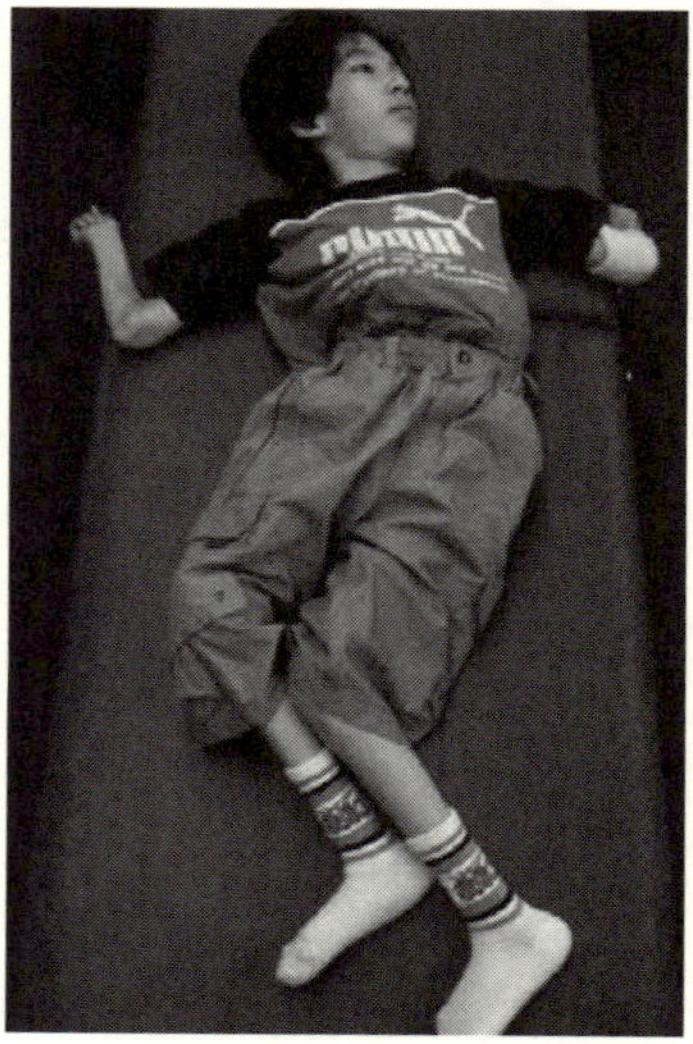

シーティングのためのマットテーブルでの評価時

玲央くんのように普通学校に通っていると、養護学校とくらべて車いすや姿勢保持のための機器に関する情報が極端に少なくなります。学校関係者や保護者には、障害者に関する情報はまったくありません。

北米では普通学校には必ず特殊教育の教師がいて、車いすを含めた支援機器に関する情報や技術を提供していますが、まだ日本には特殊教育の教師がいない普通学校が多く、情報が得られる可能性はとても低いのが現実です。

その結果、知的障害もなく普通に勉強のできるレベルの障害であっても、変形をは

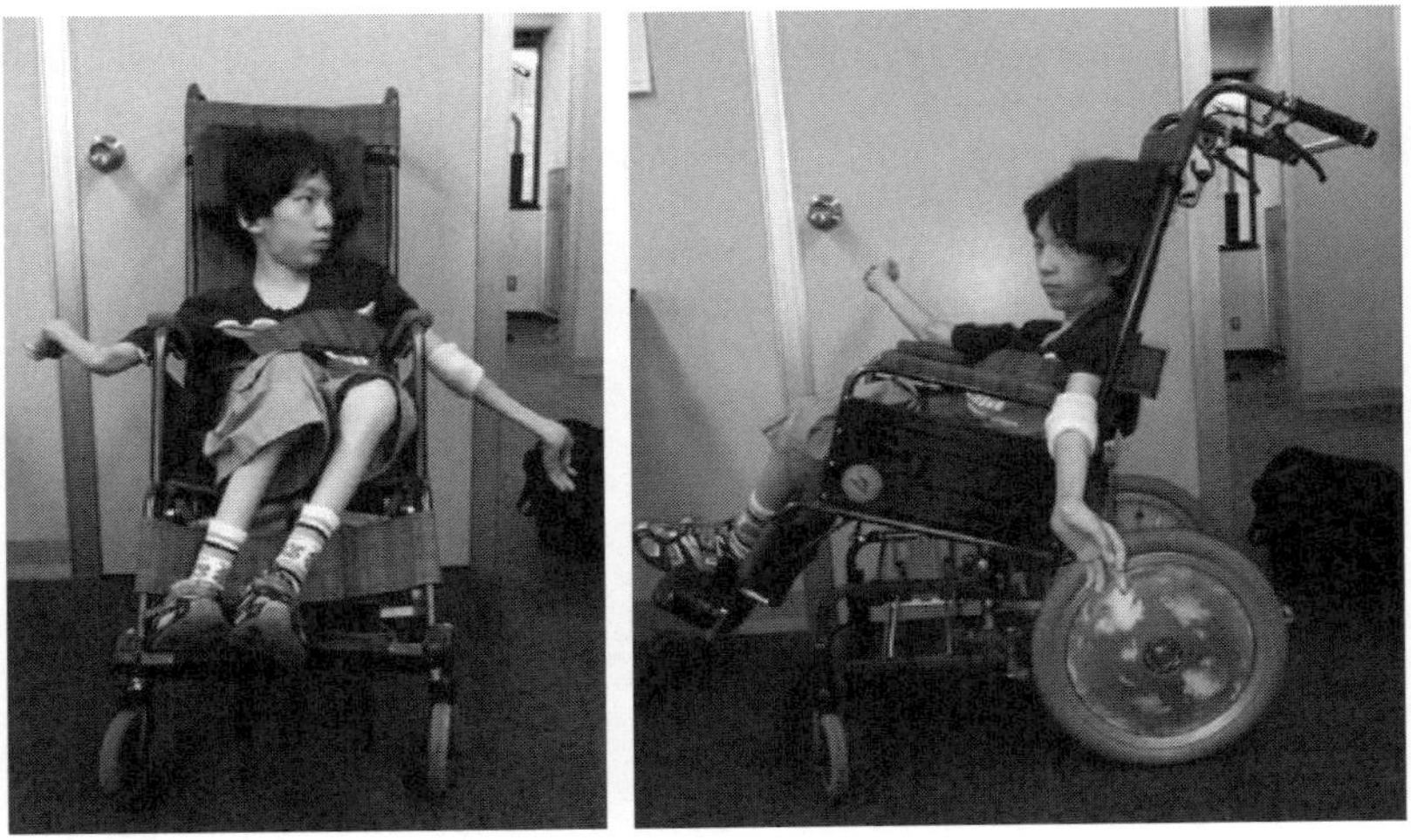

シーティング前の玲央くん

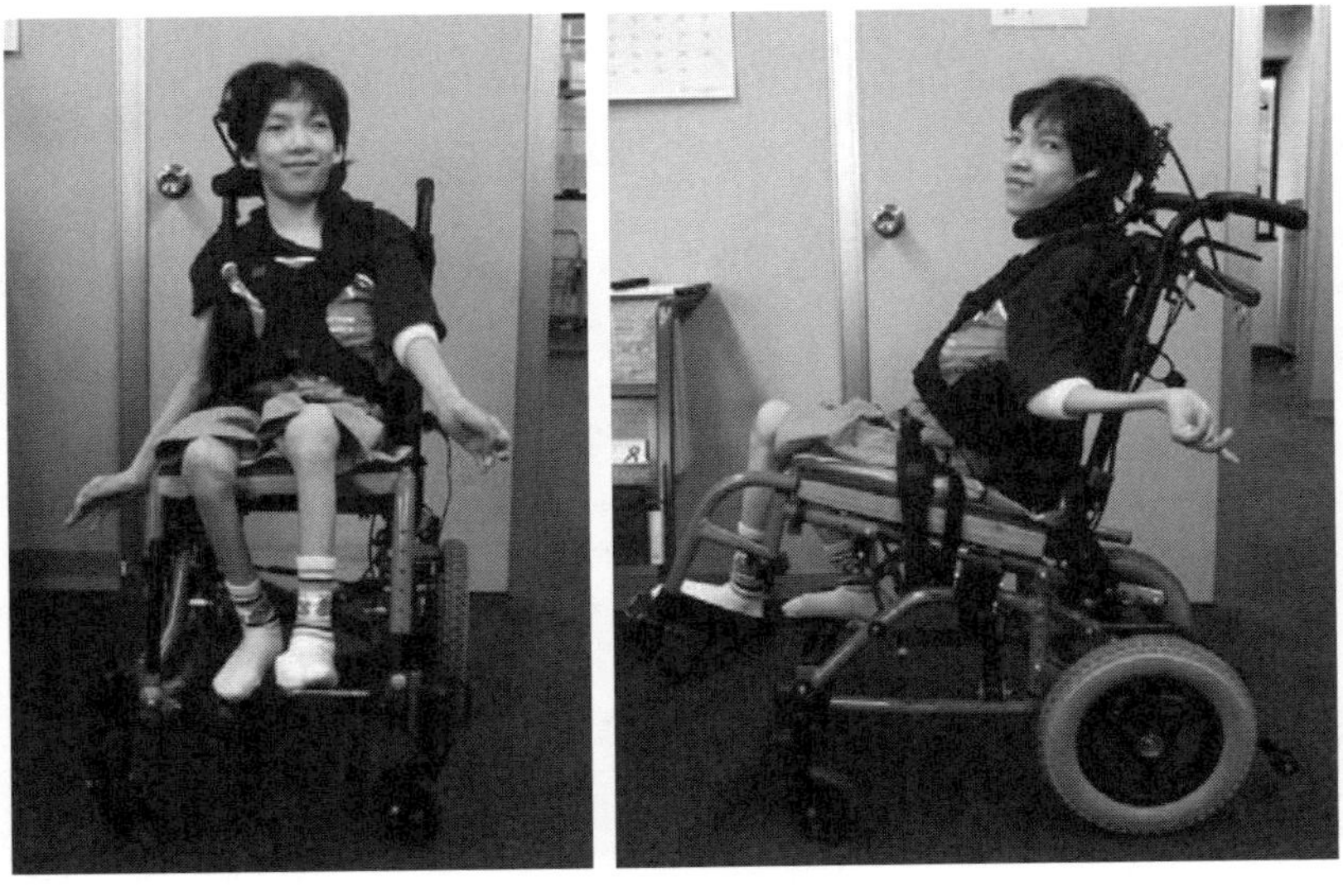

シーティング後の玲央くん

じめとする二次障害が発生してしまっている身体障害児（者）がとても多いのです。

玲央くんが使用していた車いすは、布製の背もたれと座面にゲルのクッション、ラテラルサポートもなく、布製のマジックテープの胸ベルトと枕のようなウレタンフォームのヘッドレスト、シートの長さも背面の高さもアームレストの高さもフットレストの高さも合っておらず、背面のすきまには筒状のクッションが申し訳程度にとりつけられ、ハムストリングスの短縮で前方に出すことのできない右足をむりやりレッグストラップで止めている状態でした。

私はまず、適切なシート長と幅の車いすに、骨盤の後傾と傾きを戻すようにクッションを調整してセットしました。骨盤ベルトで骨盤を保持した後、右足のハムストリングスの短縮に合わせて右側のフットレストを車いすの内側に設定。右膝関節がリラックスした状態で保持されるようにしました。

次に側彎による肋骨の形状に合わせて、凸側の突起部分の少し下から斜め上向きにラテラルサポートを設定し、逆側の脇の下側には脇に当たらない高さでラテラルサポートを設定しました。さらにクッションにヒップガイドをとりつけて、骨盤が側彎の凸側とは逆の方向に動くのを止めました。

垂直に座れるようになったところで、背面のくぼみを埋めるようにバックサポートの形を整え、ハーネスベルトをとりつけました。玲央くんの場合は、このベルトで肋骨の突起部分を押さえるという目的もありました。

最後にヘッドサポートを設定して、シーティングは終了です。

すでに固定してしまっていた側彎は悪化の防止にとどまりましたが、潰れていた体は起きて、可能なかぎりまっすぐに座れるようになりました。骨盤の後傾と左側への傾きは戻すことができたので、今後の姿勢の悪化は止められました。

シーティング後の写真を撮っていた時、玲央くんのお母さんが言いました――

「こんなに腕が下がったのを初めて見ました！」

今までは、緊張で腕が上がりっぱなしだったそうです。

私もうれしかったです。今までは悪化するだけと言われていた側彎も、私のお手伝いした何人かの子供たちのように、少しでも改善が見られればと願っています。

ご両親のコメント――「一番の問題は、側彎の悪化でした。飲食時の咳《せ》きこみや嘔吐、上肢の突っ張りなどの問題もありました。お尻をシートに合わせて座らせようとすると、首が大きく傾いてしまいました。背中を背もたれに合わせると、お尻が浮いてしまいました。

車いすとシーティングの変更後は、姿勢がよくなって、咳きこみや嘔吐もなくなりました。息子は自分でも鏡を見て〝かっこいい男〟になったと同時に、何よりこの車いすに座っていることが一番楽だと思うようになりました。これで両手がうまく使えるようになれば、スイッチとコミュニケーション機器などを使って自分の意志を伝えられるようになれるでしょう。姿勢がよくなったことで、可能性が大きく広がると思います。」

ご両親の話によると、玲央くんは四肢麻痺に加えて話すことができないので、周囲の人たちは彼がどれだけ理解しているのか、判断できないそうです。両親とのコミュニケーションは、もっぱら顔の表情や首のうなずきによるものだそうです。緊張によって手が使えなかったので、コンピュータや意志伝達装置を使ってのコミュニケーションもできません。

しかし、先日行なわれた英検や高校入試では、選択肢を選んで受けることができ、その結果を見て、玲央くんが理解できていることを周囲の人たちが理解してくれたそうです。

ご両親の望みは、玲央くんがコンピュータや意志伝達装置を使ってコミュニケーションをとったり、勉強や仕事ができるようになることです。

今回のシーティングによって、目標に一歩近づけたとしたら、うれしいかぎりです。これからは、次の章で紹介する方たちのように、姿勢とコミュニケーションの両方を継続してお手伝いしていくモニターになっていただくことになりました。

玲央くんがどこまで変化していくか、とても楽しみです。

5　こんなことまでできる

適切な姿勢保持によって、車いすで快適にすごせる時間がのびるとともに、残存機能が最大限に発揮できるようになり、機能性が向上して、不可能だと思っていたさまざまなことが可能となります。ここでは、そんなケースをご紹介します。

〈成功例7〉脳性麻痺・四肢麻痺の佐野アスカさん（高知県）

アスカさんは四肢麻痺・脳性麻痺の女の子です。アスカさんが私のセミナーにモニターとして参加してくれたとき、身体は片側に傾き、顕著な側彎があり、足には片側に倒れる「ウインドスエプト変形」があり、体がねじれたような座り方をしていました。車いすに二時間も座っていると脂汗が出てくるほどの痛みや不快感がありました。スイッチを使用してコンピュータや意思伝達装置を使おうとしても、しばらく使っていると姿勢が崩れてスイッチが押せなくなるので使えませんでした。

しかしアスカさんの幸運は、身体に充分な可動性が残されていたことでした。シーティングによって傾いて後傾して回旋していた骨盤を中立な状態に戻して保持することができたので、ずり落ちを防止して左右対称でまっすぐな姿勢で体を保持できるようになりました。上体は、ラテラルサポートを使って側彎を戻す形で体幹を保持して体を安定させました。不安定で倒れがちだった頭部の保持のために、後頭部だけでなく頚部と後頭部を保持するタイプのヘッドサポートを使って、頭を動かすことを抑制せずによい位置に保持しました。

コンピュータを使用する際、アスカさんは唯一自分の意志で動かすことのできる頭の右側頭部にスイッチを設置して操作していますが、姿勢が崩れなくなったことで操作は完璧。長時間使用することも可能になりました。

崩れた姿勢では、学校の授業もまともに受けることができていなかったので、シーティングで姿勢が改善されたあと、学校の先生やセラピストたちがチームを組んで、彼女にコンピュータとコミュ ニケーション機器の使用を中心とした再教育を提供しました。私のセミナーにゲスト出演してもらってコンピュータの操作を披露してもらっ

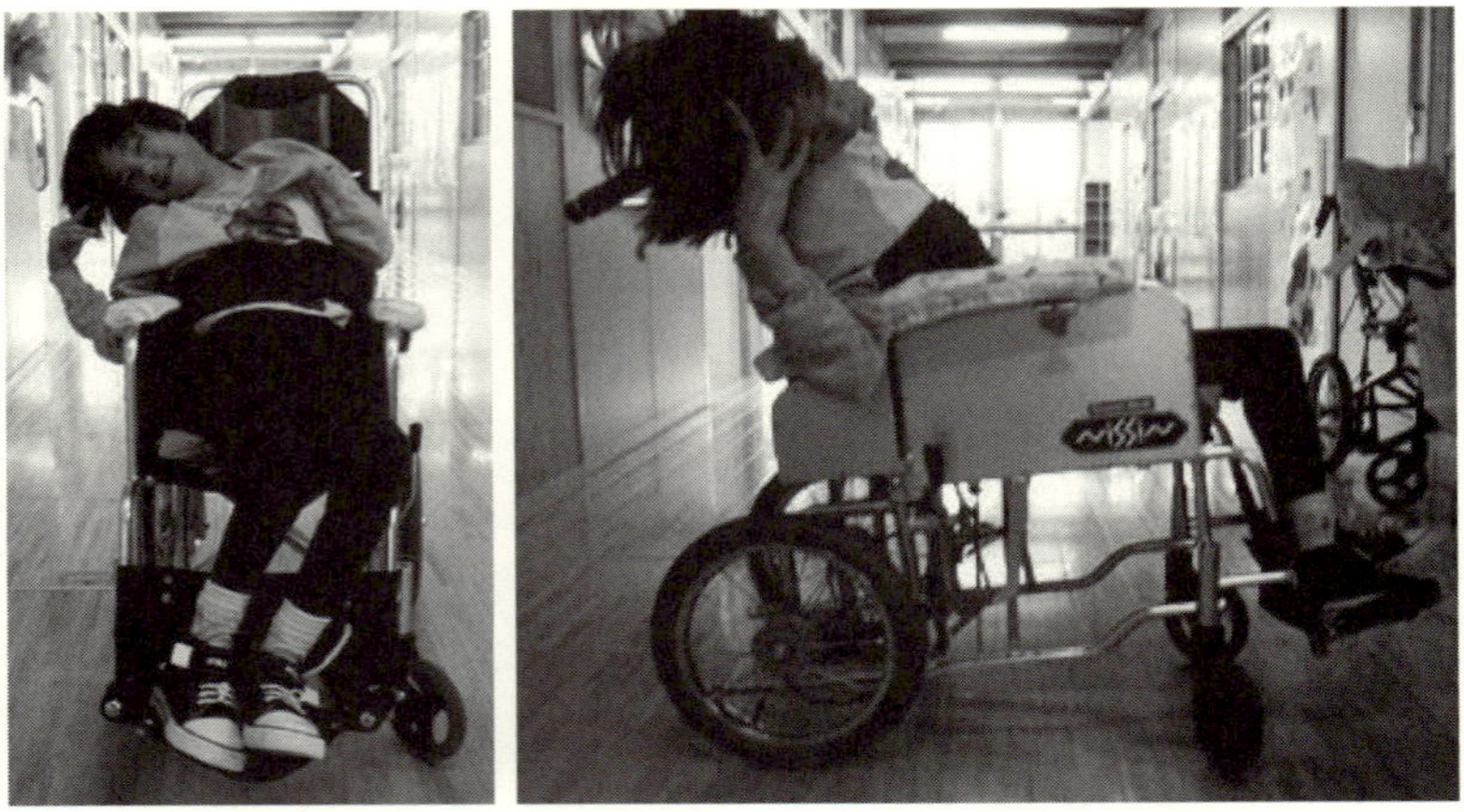

シーティング前のアスカさん

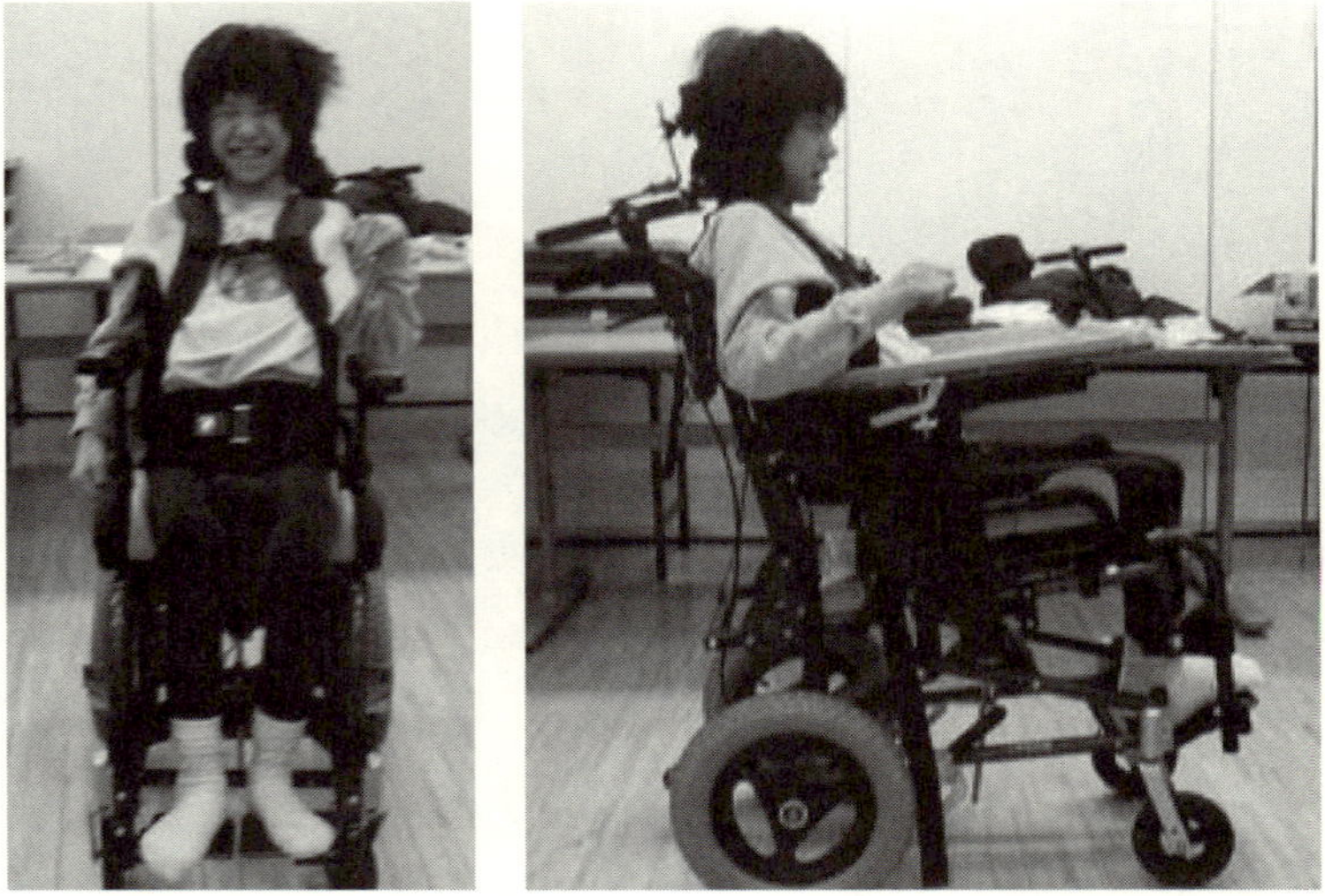

シーティング後のアスカさん

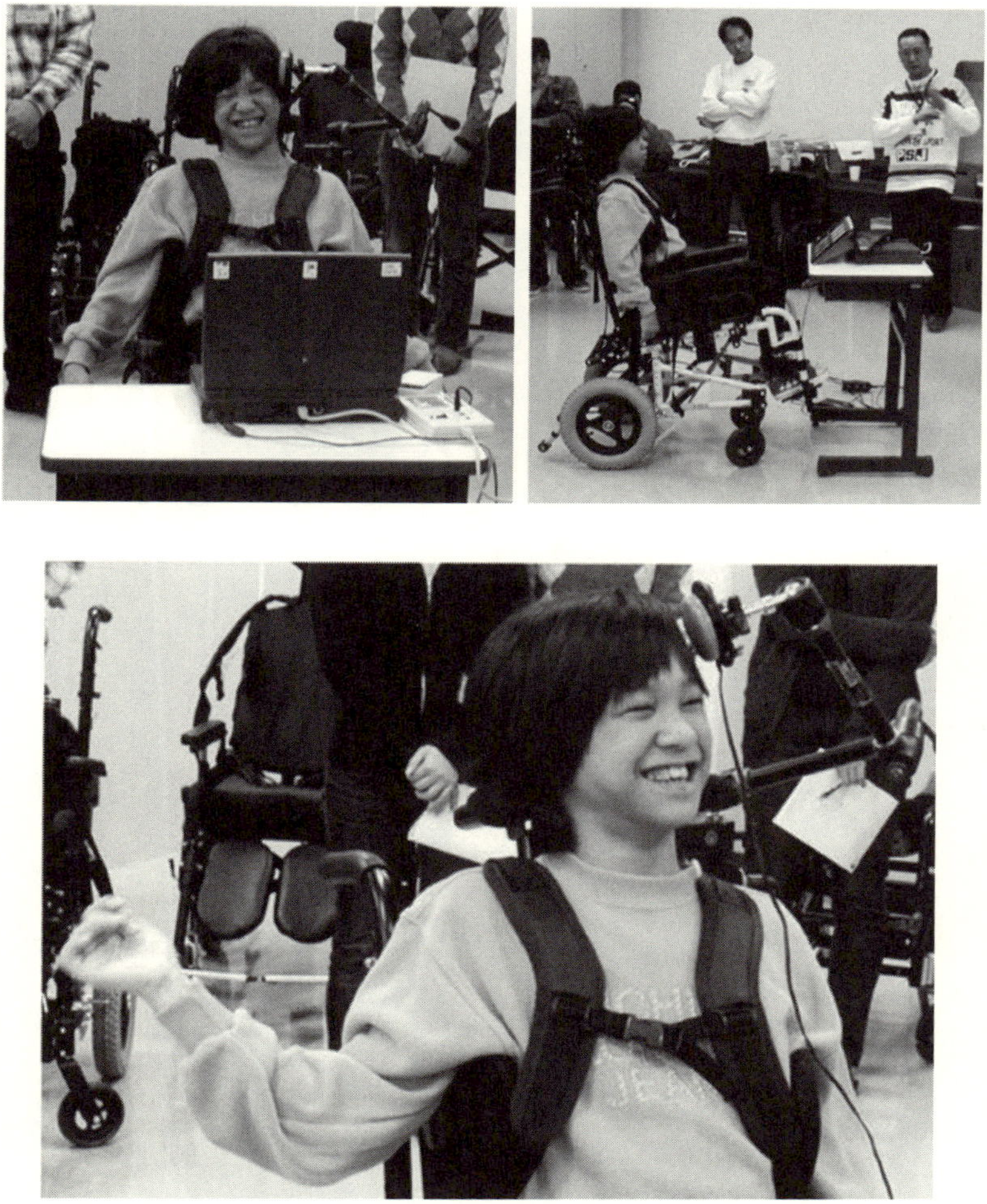

最近のアスカさん――コミュニケーションもできるように！

たことがありますが、頭でスイッチを使って一度もまちがえることなく画面をスキャンして（選択して）言葉を選べることを見せてくれました。

現在ではお父さんとメールを交換したり、一日の予定を表にまとめたり、さまざまなことができるようになったそうです。お母さんによると、最近ではアスカさんから外出を希望することが多くなり、映画を観て、ウインドウショッピングをして、スーパーで買い物をしても、体が痛くなったり疲れたりすることもないそうです。

幼いころ心配された側彎を防止することにも成功しました。

さらにシーティングを処方してしばらくしてアスカさんが病院で診察してもらうと、「何度も脱臼をくりかえしていた股関節に生まれてはじめて支持組織が形成されてきたので、脱臼の心配はないとお医者さんから言われた」とお母さんから喜びの報告がありました。

よい姿勢を得て二次障害の防止が可能になっただけでなく、運動機能と生理機能両方が向上したと言えるでしょう。

〈成功例8〉脳性麻痺・四肢麻痺の小橋弘照くん（兵庫県）

淡路島の弘照《ひろあき》くんは、アテトーゼ型の脳性麻痺、四肢麻痺で生活のほとんどに介助が必要です。言葉も発音がうまくいかず重度な障害ですが、とても元気のある好青年です。

弘照くんが八歳のときに、コミュニケーション機器の使用のため、私の会社のＡＴ部門（ＡＴ＝支援技術 Assistive Technology）がお手伝いしたのが、彼との付き合いの始まりでした。当時の弘照くんは、自分の意思を伝えることがむずかしく、周囲の人が分かろうとしてあげるだけのコミュニケーションでした。しかし本人は、積極的に友達と話したい、受け身だけでなく、自己表現していきたいと目を輝かせていました。

そして、我々からは、スイッチとコンピュータを使ったコミュニケーション方法を提供することになり、試行錯誤の末、自分の意思で動かすことができて、最も視線がぶれないのが顎だということを発見しました。本人のたゆみない努力のかいあって、顎でスイッチを押してコンピュータを操作できるようになり、その結果、友達と積極的にコミュニケーションがとれ、授業中もコンピュータでノートを取り、自己表現として発言することもできるようになりました。

しかし、長時間活動できるようになると、姿勢の問題が明らかになりました。

体が痛くなって長時間コンピュータを操作できない。

強い筋緊張によって安定した姿勢を保つことができない。

視線が安定しないので本が読みづらい。

そこでお母さんは、依頼して車いすを体の変化や成長に合わせて手を加えたり作り替えたりしましたが、製作に時間がかかって成長に追いつかないことが多く、無用な費用や時間がかかっていたそうです。

そんな中、お母さんから相談を受けた私は、成長に対応して拡張できる車いすを体に合わせて設定し、シーティング機器を使って、疲れない姿勢が維持できる器具を提供しました。その結果、長時間座っていても体の痛みが緩和でき、学校にいる間中ずっとコンピュータを使用できるようになり、また、姿勢が崩れなくなったので、その分視線が安定して、本が読みやすくなりました。

次の目標は、電動車いすの操作でした。何とか電動車いすが操作できないだろうかといろいろ試したところ、肘がまっすぐになるように装具で固定すると、自分の意思で手首を動かせることを発見。ジョイスティックを操作しやすいT字タイプに変更して、体の中央の膝パッドの上に設置しました。

さらに弘照くんはジョイスティックを押すことがとにかくむずかしかったので、コントローラーを前後逆向きにとりつけて、ジョイスティックを引くと前に進むように設定しました。

こうして何とか自分で電動車いすの操作ができるようになった弘照くん。一生懸命に練習して距離を伸ばし、学校の中で自由に移動できるようになり、友達との行動範囲も広がり、運動会ではリレーに参加するなどして、周りを驚かせることも多かったようです。

そして、地域の小学校から中学校に進むと、もっと友達と一緒に活動したいという気持ちが大きくなり、大好きな野球部に入部。三年間友達と一緒に練習に参加し、電動車いすでトンボを引いてグラウンド整備をしたり、練習試合では試合にも出場し、背中にバットを立てて打席に立ったり、膝の上にグローブを乗せて外野を守ったりもしました。本人のチャレンジ心もさることながら、監督さんや友達らの心温かい支援の様子が微笑ましいものだったとお母さんは話していました。

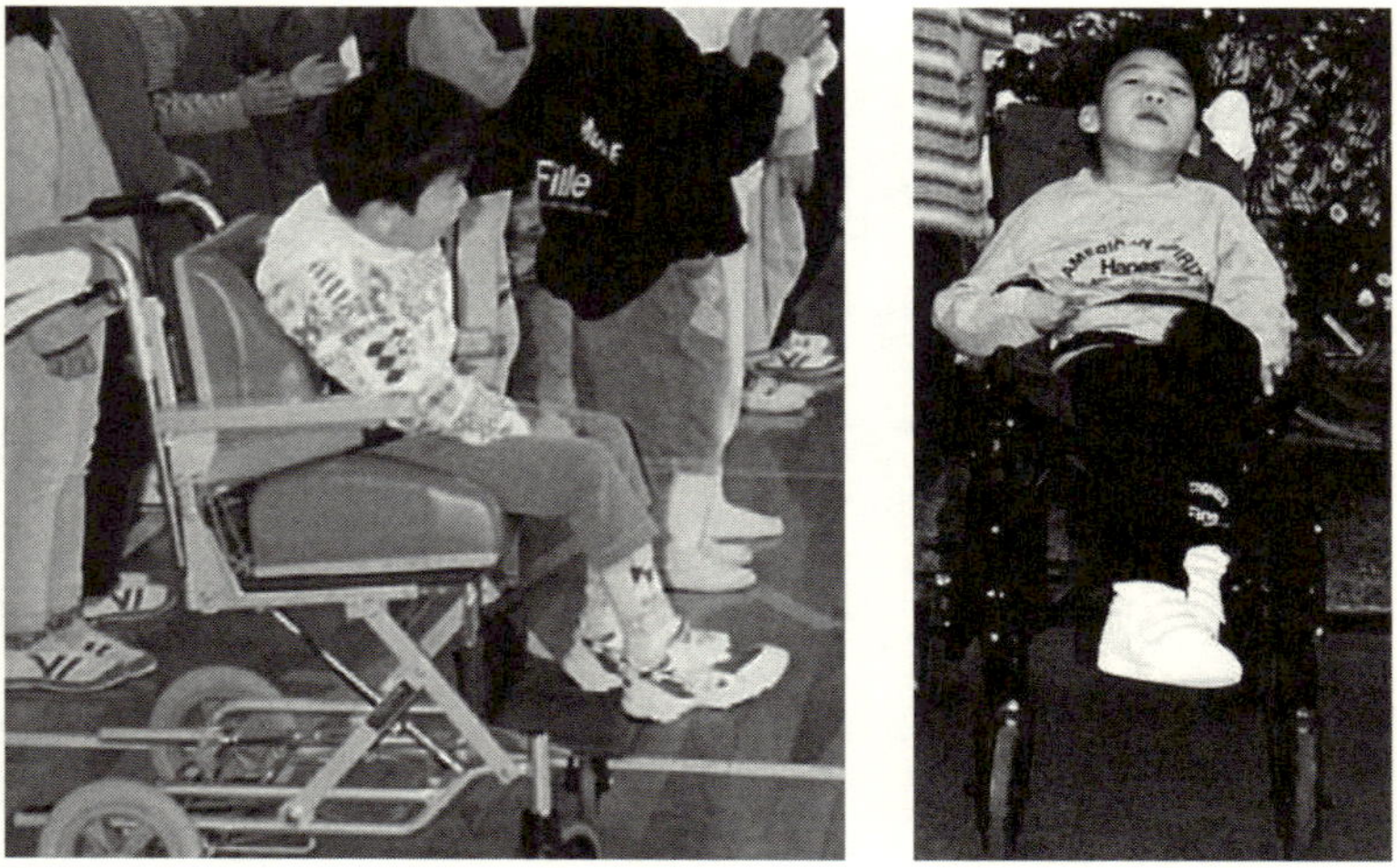

シーティングを施す前の弘照くん。
体が傾き、足は曲がっている

シーティング後、野球部の仲間たちと

パソコンを使って外国でもコミュニケーション

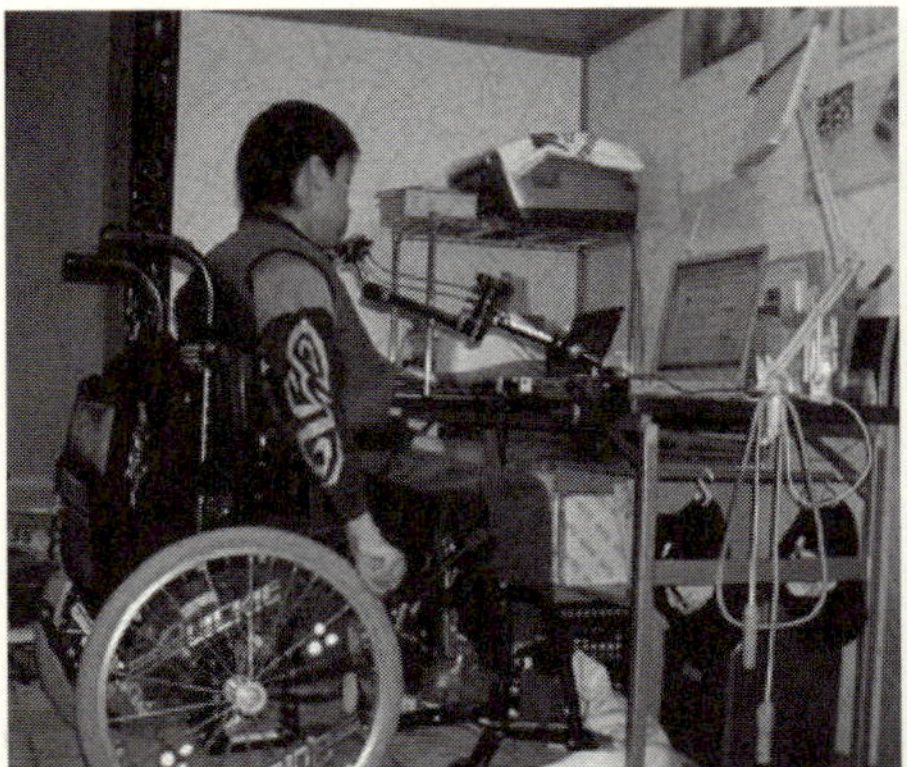

自宅の仕事場での作業風景

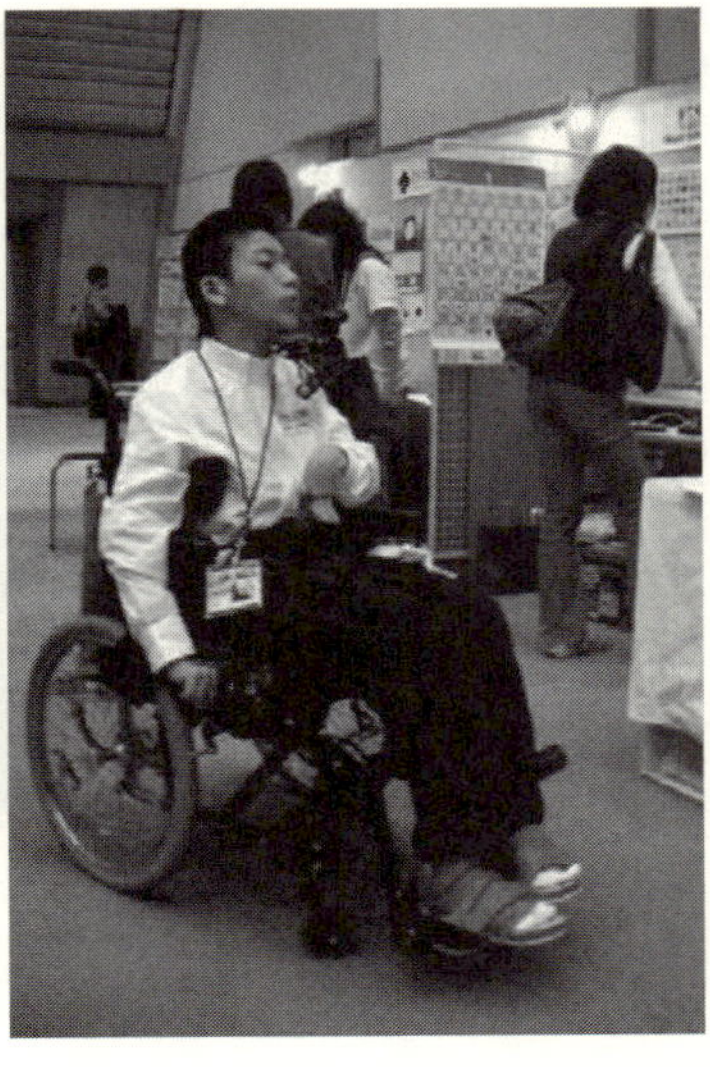

展示会でデモンストレーション

そんな活躍が認められ、講演の依頼を受けるようになった弘照くんは、コンピュータを駆使して原稿を作成し、講演も行なっていました。でも、彼の一番の思いは、友達と一緒に高校へ進学することでした。県の受験特別処置制度によって、コンピュータによる回答と時間延長が認められ、中学校卒業後の二年間で三度の受験に挑みましたが、結局県立高校へ進学する希望はかないませんでした。七人の教官に囲まれた密室という試験環境や、とりわけ選択科目の実習が、ハンディある弘照くんにとって現実にできない内容だったことなど、本人にとっても相当厳しかったようです。

高校からは入学を拒否されてしまった弘照くんですが、何事にも前向きな弘照くんは、ここで進路を変更。自分で作ったブログで自己アピールをしながら自分自身の情報を発信し、できる仕事を獲得し、自立していくことを進路と設定してがんばっています。最近では、自分の体験をさまざまな研修会で講演したり、展示会などでコンピュータやコミュニケーション機器のデモンストレーションをしたり、また、パンフレットやポスター、そして名刺制作サービスを提供して、元気に活動しています。

お母さんは「ここまで活躍できたのは、シーティングによる姿勢保持で残存機能を最大限に引き出して、長時間活動することができたから」と言ってくださいました。

また、「幼いころ心配された側彎を防止することもできた」と言われて、とても喜んでくださっています。

私は、弘照くんに彼の夢を尋ねてみました。すると、彼は、コンピュータを使って答えてくれました。

・重度障害者であっても、講演会や展示会等で「できる」ことを、障害のある仲間と社会に訴えたい。
・コンピュータを活用した仕事で自立したい。
・コンピュータを教える仕事をしたい。

今後も、弘照くんの動向とさらなる活動に、目がはなせません。

〈成功例9〉脳性麻痺・四肢麻痺の白井孝幸くん（愛知県）

孝幸くんはアテトーゼ型の脳性麻痺で、四肢に不随意運動があり、全介助が必要なレベルの重度な四肢麻痺の障害です。彼も音声による会話ができないため、表情やしぐさで表現するのを、家族が言いあてていました。本人は伝えたいことが十分に伝わらず、フラストレーションが常にたまっていて、まわりが理解できないときは、伝わるまで泣きながら訴えていたそうです。

最初にコンピュータによるコミュニケーションを試したときは、自分で操作ができないのでまわりの者が代わりに操作する必要があり、家族や介助者がつきっきりで助けてあげるのにも制限があったので、あまり使用できませんでした。

ひとつでもスイッチが使えれば、コンピュータを使って文章を作成したりコミュニケーションがとれるシステムがあることを知り、自分の意志で（随意に）動かせる体の部位を探したところ、左の脚を内側に動かせることを発見。左膝の内側にスイッチを設置してクリックする練習をして、コンピュータの使用が可能になり、自分の意志でコミュニケーションがとれるようになりました。

長時間の活動ができるようになると、問題となったのは車いす。長時間座っていると姿勢が崩れ、変形や脱臼などの二次障害を助長。身体に負担がかかってつらく、車いすから降りて休む時間が必要でした。頻繁に整形受診しては座位保持いすの修理や調整を行なってもらい、様子を見てはまた調整しなおすことをくりかえしていたけれど、うまくいきませんでした。

そこで、車いすの設定を再検討して体に合わせて調整し、成長に合わせて拡張や微調整が可能な車いすに変更。孝幸くんに必要な安定性と保持が提供できるシーティングを提供しました。その結果、ずり落ちた悪い姿勢が改善され、筋緊張がコントロールされ、骨盤の傾きが改善されてよい姿勢で座れるようになりました。体幹バランスの保持のためにラテラルサポートを提供。頭の保持と視野の確保のためにヘッドサポートも提供しました。

コンピュータの操作はとても楽になり、姿勢が崩れずに安定して長時間快適に作業できるようになりました。孝幸くんも家族も喜んでくれましたが、問題が解決されると次の段階に進みたくなるのが人間。孝幸くんは介助者がいなければ移動できないことを不満に感じるようになりました。自分で友達のところに行って話したい、とさらに気持ちは前向きになりました。

そこで、スイッチひとつで操作できる特殊コントロールを使った電動車いすの操作を練習。左膝の内側のスイッチを使って自由自在に電動車いすを操作できるようになりました。

リハビリセンターで初めて電動車いすに挑戦したときは、感動的でした。たったひとつのスイッチを左膝で押すことで、四肢麻痺の孝幸くんは電動車いすをスタート。

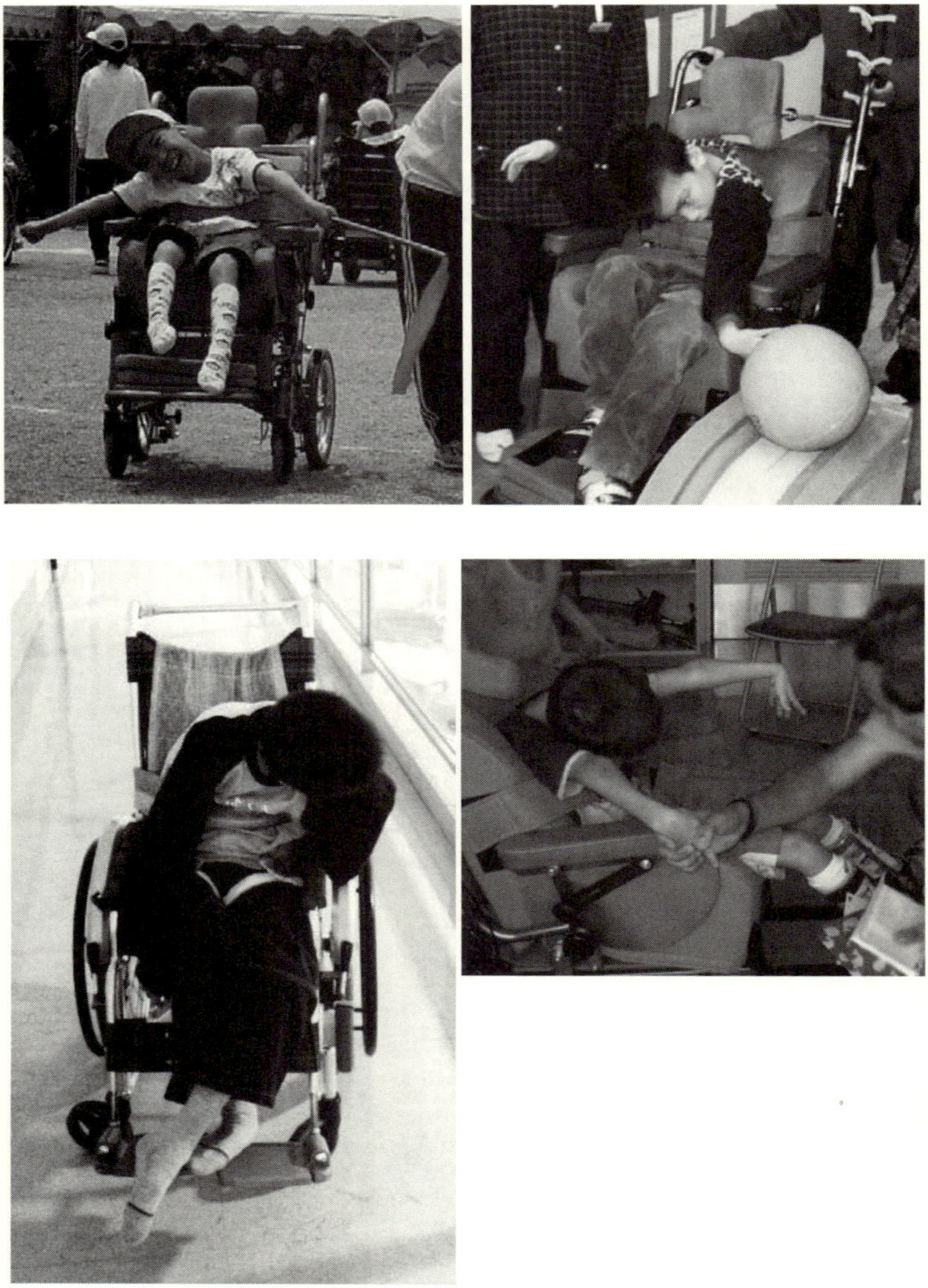

シーティング前の孝幸くん

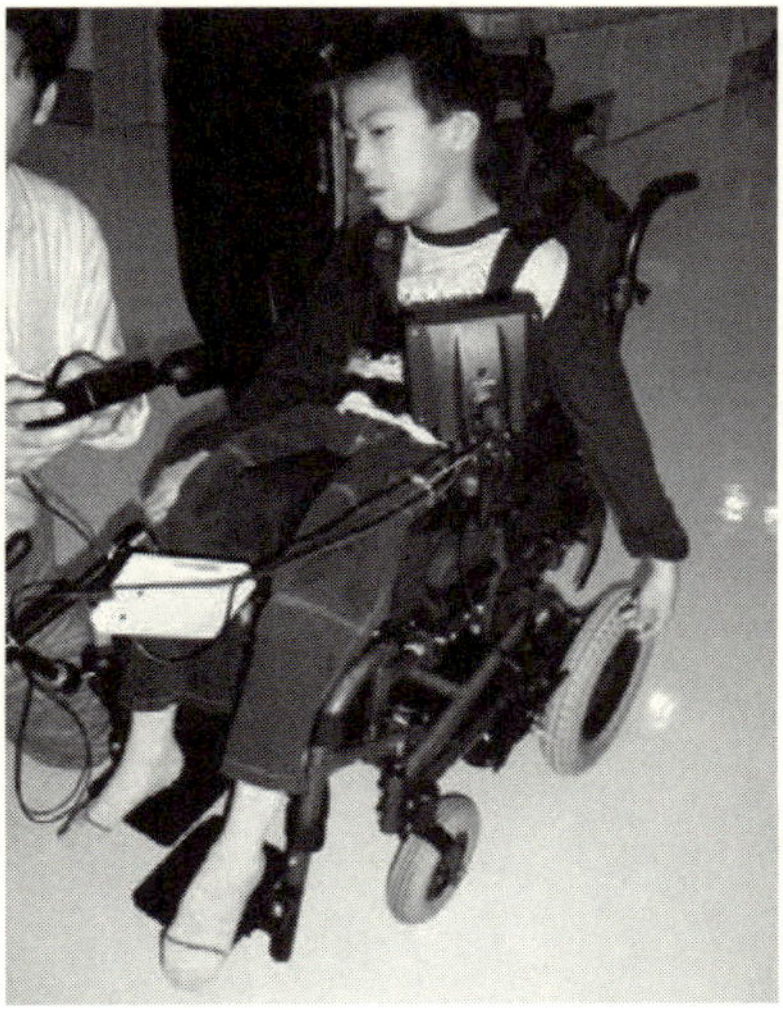
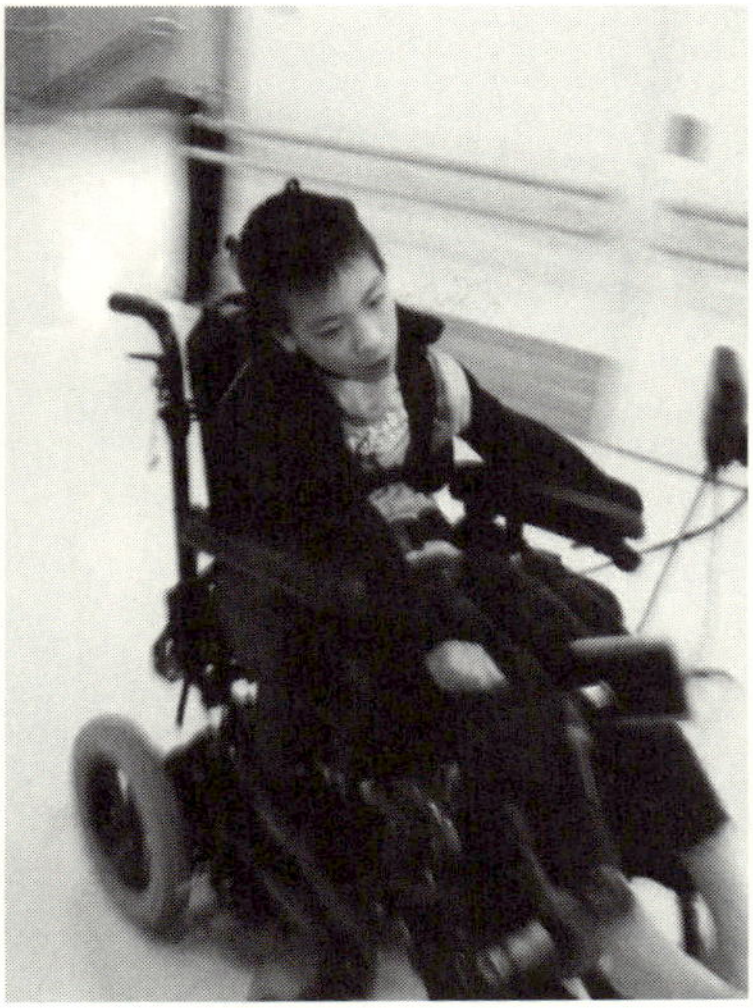

電動車いすに初挑戦 ！

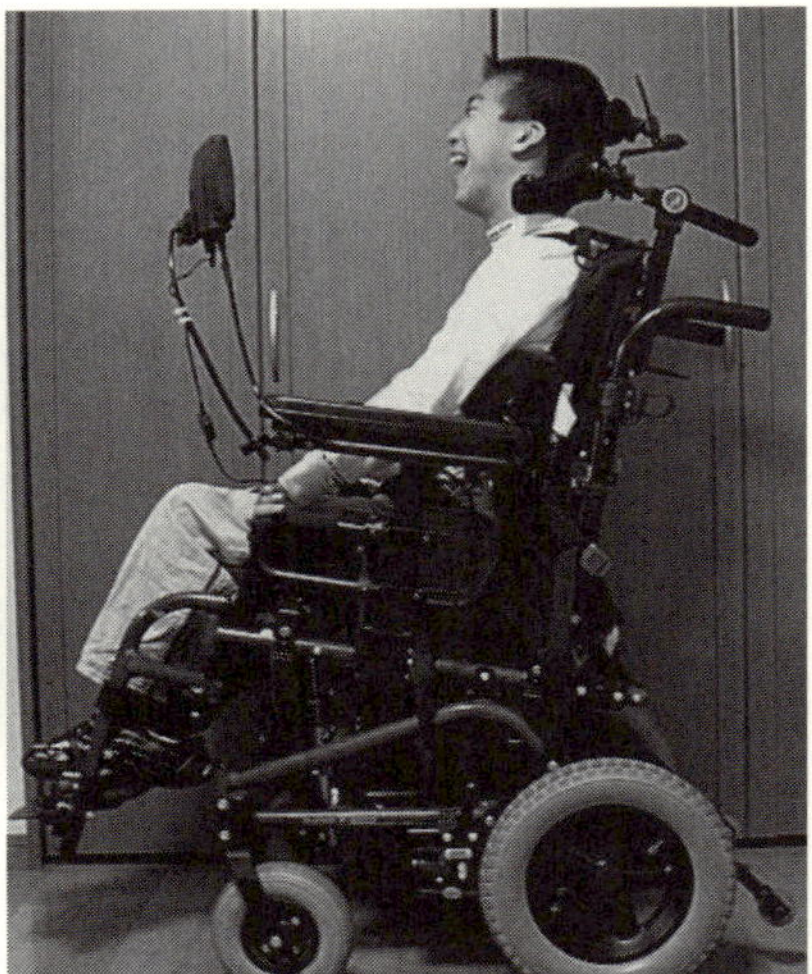

シーティング後の孝幸くん

スタッフの作ったスラロームのコースの障害物を避けながら、みごとに運転して走破したのです。

コンピュータではいろいろなソフトを使いこなし、さまざまなことができる孝幸くん。私のセミナーにゲスト出演してもらったときには、自分でパワーポイントのプレゼンテーションを作成して披露してくれました。会場の聴講者にクイズを出題して答えてもらい、答え合わせをするという楽しいプレゼンテーションでした。

孝幸くんのお母さんも、シーティングによって「幼いころ心配された体の変形を防止するとともに、電動車いすの操作をはじめ、さまざまな活動ができるようになった」と、とても喜んでくれています。

孝幸くん自身は、これからの目標を次のように語ってくれました。もちろん、コンピュータを使ってです。

「重度な障害を負ってあきらめかけてる人たちに、僕のように可能性があることを講演会などで伝え、希望を持って生活ができることを示していきたい。

支援制度などを自分で申請して、自分の生活を自分で管理して自立した生活を実現したい。独り暮らしも目指してみたい。

「これらのために、さまざまな挑戦と経験を積み重ねていきたい。」

重度な障害があってもこのような活躍が可能なことを、孝幸くんは示してくれています。

その後の二人――小橋くんと白井くん

二〇〇七年十一月に静岡で開催された「ユニバーサル技能五輪世界大会」で組織委員会の理事と委員をしていた私は、小橋弘照くんと白井孝幸くんを招いて一緒にデモンストレーションをすることを思いつきました。

この大会は、健常者の技能五輪と障害者のアビリンピックの世界大会を初めて同時開催した、職業技能を競うすばらしい大会ですが、アビリンピックに参加する選手たちには、小橋くんたちのようなレベルの重度障害者はいません。

そこで私は、デモンストレーションとして彼らと一緒に発表をして、彼らのような重度な障害があっても学校に行けること、働けることを多くの人たちに見てほしかったのです。

それまでも、小橋くんと白井くんには、私のセミナーにゲスト参加してもらったり、展示会でデモンストレーションをしてもらったことがありましたが、実は二人は会ったことがなかったのです。しかしお母さんたちによると、二人はすぐにうち解けたそうです。同じアテトーゼ型の脳性麻痺による四肢麻痺で、同じように話すことが困難な二人に、共通点は多かったのかもしれません。

しかし二人は言葉で会話することが困難なので、コンピュータとスクリーンを通した会話や、メールによる会話でのコミュニケーションをしています。

お母さんいわく、

「この子たちのような障害だと、学校では先生が間に入って会話の橋渡しをするしかないけれど、家に帰ったらメールでコミュニケーションがとれるのよね。」

だそうです。

大会では、展示会場のステージで、二人と一緒に発表をすることができました。「重度身体障害者が快適に就学・就労するための支援技術」というちょっと固い題名だったので最初は人の集まりが悪かったのですが、発表が始まるとどんどん人が集まってきて、結果的には多くの方に見ていただくことができました。

白井くんには膝のスイッチによる電動車いすの操作とパワーポイントを使ったプレ

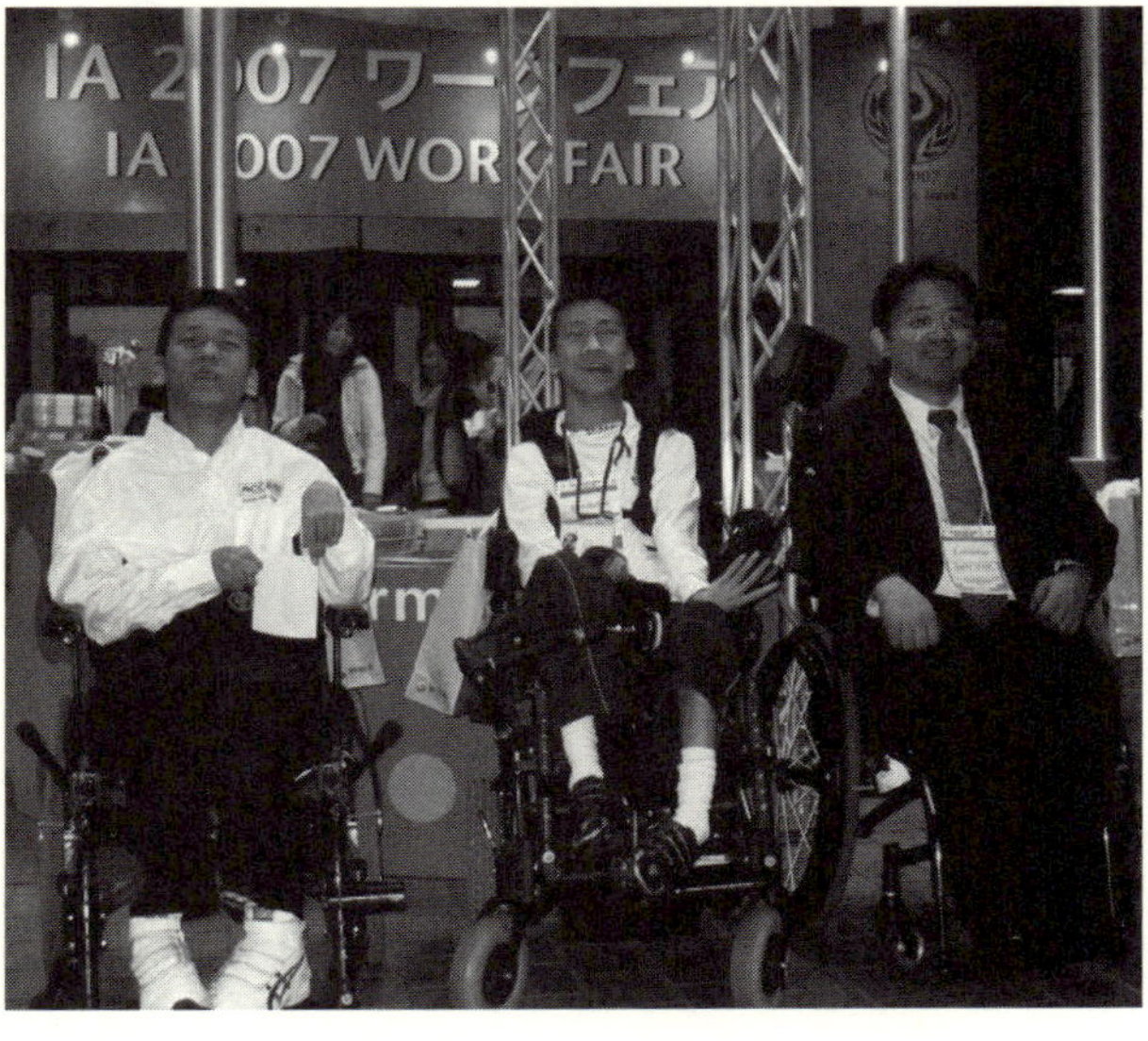

ユニバーサル技能五輪での小橋くんと白井くん

ゼンテーションを、小橋くんには実際に彼が仕事として始めている名刺製作のデモンストレーションをしてもらいました。

この静岡の大会では、一緒に食事をしたり、発表やデモンストレーションをしてうちとけた二人ですが、それぞれ淡路島と愛知の家に帰ってからもメールで楽しく会話をして、仲のいい友達になったそうです。

さらに、静岡大会の翌月に京都で開催された障害児（者）向けの電子支援機器のカンファレンスでは、我々の依頼でそれぞれがプレゼンテーターとして登場。一緒にデモンストレーションもして、さらなる友情を深めていました。

参加者からは、彼ら二人が楽しそうにコミュニケーションをとっていたのが一番印象に残った、との感想も寄せられました。現在、彼らのような障害のある人たちが、インターネットを介して話し合えるサービスも始まっています。どんどん輪が広がっていったらすばらしいでしょう。

重度の障害があって話すことができなくても、コミュニケーションがとれる。元気に活躍できる。

それを示してくれている二人です。

これからもロールモデルとしてさらに活躍していくことを期待するとともに、応援しつづけていきたいと思います。

Ⅰ 障害児のからだ

Ⅱ 車いすとシーティングで変わる
変形・拘縮・脱臼・緊張への対応

Ⅲ シーティングで人生の変わった子どもたち

Ⅳ 子どもたちの未来のために

1　陰の主役

シーティングで人生が変わったお子さんたちとかかわっていて、ひとつの共通点を見つけました。それは家族、特にお母さんが、皆さんとても熱心だということです。強くて、明るくて、「あきらめない」人たちでした。

特に私がシーティングを提供しはじめた十数年前は、病院もリハビリも学校も、そして行政もまったく理解を示してくれませんでした。「こんなに姿勢が変わる」とシーティング使用前・使用後の写真を見せても、実際に乗っているところを見せても、協力が得られることはとてもまれ。交付が受けられるのは、奇跡的な確率でした。

しかし、熱心なお母さんたちはそのような逆境にも負けず、どんどん立ち向かっていきました。役所や福祉事務所に何度も何度も陳情に行ったり、シーティング・セミナーを主催して関係者を集めて私の話を聞かせたり。そのパワフルな行動力には目をみはるものがありました。

子どもが健常児だったら、塾や家庭教師や習い事や私立校の学費など、子どもに多額のお金をかけるのはめずらしくありません。しかし子どもが障害児である場合、いろいろと大変なことやお金がかかることがあるのは理解できますが、もっとも大切な車いすや座位保持装置は、交付が受けられなければ買わない。だから低価格なものでかまわない、という親が大半を占める中、私のかかわってきたお母さんたちは違いました。

交渉の末、最終的に交付が受けられなくても、がんばってお金を工面して自費で購入したのです。本当に頭の下がる思いでした。あるお母さんが言った言葉が印象的でした。

「自分の欲しいハンドバックや洋服をひとつがまんしたり、車の買い換えを一回見送ったりすればお金は工面できるはず、大切なのは子どもの体と人生。私は自分の子どもの経験からまわりの親たちにそう伝えています。」

重度障害児の場合、健常児のように将来自分の面倒を見てくれる可能性はほとんどありません。見返りはないかもしれないのです。

それでも精一杯自分のできることをして、ありったけの愛情を注ぎつづける。これが本当の無償の愛なのだ。本当の親の愛情なのだと心が熱くなりました。

このような方々の姿が、私のシーティングへの情熱の源になったのだと思います。

2　望まれる変化

望まれる行政の変化

くりかえしになりますが、私がシーティングを提供しはじめた十数年前（一九九三年ころ）は、欧米では常識とされていたシーティングを中心とした姿勢保持の考え方が日本では理解されず、病院もリハビリセンターも学校も、協力してくれるところはごくわずかでした。さらに車いすや座位保持装置を障害児の家族が手に入れるために相談する福祉事務所にも、シーティングや姿勢保持について理解できる人はほとんどいませんでした。

姿勢保持のための座位保持装置は、すでに体に変形のある障害児にしか交付されません。体に変形の兆候や変化があらわれていて、まちがいなく一、二年後にはひどい側彎になるとわかっていても「まだ必要ない」と座位保持装置の交付を拒否されることはめずらしくありませんでした。医師の中には側彎の角度を測って「まだダメ」と吐きすてた人もいました。

「体の変形がひどくなったら大変なんです！」

「より複雑で大がかりで高価な機器が必要になってしまうんです！」

「何年か後に変形がひどくなったら、だれが責任とってくれるんですか？」

そう叫びたい気持ちでした。実際に座位保持装置の交付を待たされて、ひどい変形が生じてしまった障害児も少なくありません。

私が行政にお願いしているのは、二次障害の予防のために座位保持装置を交付することです。対処ではなく予防に予算を使うことで、まちがいなくトータルの交付額は減ります。

以前は「二次障害は防止できない」「障害児として生まれたらしょうがない」という考え方が国や自治体にもあったので、対処中心で予防を考えない対応になっていたのだと思います。しかし現在では、シーティングと姿勢管理によって障害児の二次障害の予防は可能なのです。二次障害にともなう手術や入院にかかる医療費や薬剤費の削減も可能です。リハビリや機能訓練、そして学校教育の効果も上がるはずです。

姿勢が悪いことで残存機能が最大限に発揮できていない障害児（者）はたくさんいます。しかしその中には、適切な姿勢保持によって最大限に機能を発揮できる人がたくさんいるのです。なによりも健康な障害児（者）が増え、社会参加できる人が増えるでしょう。年金受給者から納税者になれる可能性さえあります。

障害が重度でも見捨てないでほしいのです。彼ら、彼女らにはまだまだ多くの可能性があるはずなのです。

望まれる車いす業者の変化

障害児の使用している車いすや座位保持装置を見て、悲しくなることがあります。

なんでこんな車いすを作ってしまったのだろう……。

なんでこんな設定をしたのだろう……。

障害児の車いすを製作する人に、悪意で行なっている人なんて、いないはずです。しかし、姿勢保持の基本を守らずに車いすや座位保持装置を製作すれば、使用する障害児の体に悪い影響を及ぼすものになってしまうのです。

ここでも一番の問題は、いまだに多くの車いす・座位保持装置製作者が「どうせ変形は止められない」「二次障害は防止できない」という考えを持っていることです。前述のように障害児の家族から医療・リハビリ関係者、そして学校や施設関係者まで同様の考えを持っていたので、車いす製作者だけが特に悪いのではないのですが、「防止できない・止められない」という観点からスタートしているので、予防や悪化の防止を重視して製作するのではなく、どれだけ快適か、どれだけ軽量か、どれだけ安いか、どれだけデザインがかわいいかといったような他のセールスポイントに重点がおかれていたのです。

製品を開発するためには、快適性、軽量、安価、デザイン、すべて大切なポイントです。しかし快適性のみを重視してしまうと、二次障害を助長してしまうのです。

快適性のためによく使われるものに、やわらかいウレタンフォームなどの素材や、やわらかくたるませた布製の座面と背面があります。やわらかい素材の中に障害児の体が沈みこむので、安定していて快適なように見えます。しかしそれは沈みこんで動きにくい状態なのです。

体に左右のバランスの違いがあれば、やわらかい素材は凶器と化します。身体が少しでもバランスを崩して片側に倒れはじめれば、伸縮性によって低い側はどんどん下がろうとし、高い側はどんどん上がろうとします。沈みこみによって体の傾きはどんどんひどくなり、側彎が発生します。傾きや力のかかる箇所には、やわらかい素材を何枚重ねても効果がありません。

傾きや力のかかる箇所には、しっかりとした力による保持が必要なのです。鉄や硬質アルミなどの硬い基部や支持部を使用した上で、快適性のために必要なパッドで覆うのが、シーティングでは常識です。

車いすや座位保持装置の製作者が、すでに持っている技術力に加えて、姿勢保持とシーティングについての正しい知識に基づいて作成すれば、日本の車いすや座位保持装置も変わるはずです。

私が日本に高性能のモジュラー型の車いすやカラフルな車いすを紹介してから十八年、多くの類似品が作成されました。会社としては死活問題ですが、日本の車いすのレベルを上げたいという会社設立時の私の目的には向かっているので、切磋琢磨してがんばっていこうと思っています。

しかし最近、障害児の家族や関係者から「カラフルでかっこいい車いすは増えたんだけど、姿勢保持には問題があるものが多い」との声をよく耳にします。せっかくかっこいい車いすを作るなら、乗っている子どもがずっとかっこいい姿勢でいられるように、姿勢保持とシーティングの基本を守って車いすや座位保持装置を作成してもらえれば、日本の車いすのレベルは一気に向上すると思います。

望まれる選択肢の提供

日本の車いすが長期にわたってつい最近まで進歩しなかった大きな理由のひとつに、「指定業者制度」があります。もともと指定業者制度は、簡単にいうと、使用者にとって生活必需品である車いすが売りっぱなしにならないように、製品の保守や修理を継続的に行なえる業者を指定業者として認定したという、とてもよい目的で始まった制度でした。今でも、そのような形で運用している施設もたくさんあります。

しかし本末転倒になってしまって、指定業者という名のもとに、病院・学校・施設の中には特定の業者の製品しか障害児（者）に提供しないというところが多く存在します。

私も、この壁に阻まれたことが何度もあります。理由を尋ねると、「事務的な理由」

で業者を増やせないと言われたこともありますが、癒着としか思えない構造です。

この問題は地方に行けば行くほど顕著で、「うちはずっと〇〇さんに頼んでいるから」との一言で販売を拒否されたり、その業者を通そうとしても業者に拒否されたりしたことは日常茶飯事でした。

最近では少しずつこの傾向は少なくなってきていますが、旧態依然とした病院・学校・施設は日本中にまだたくさん存在しています。

この本末転倒となった「指定業者制度」が守っているのは、他のだれでもなく「業者」なのです。彼らは何もしなくて注文が届き、右から左に勝手に売れていきます。補装具費におさまる金額ならば、車いすの効果がどうであれ福祉事務所もお客さんも気にしません。だから指定業者制度に守られた業者は、まったく勉強したり製品改良したりする必要がないのです。そんな余計な時間と経費はむだなのです。しかし、「指定業者制度」に守られた「業者」は笑い、ひどい製品しか選択できない「障害児とその家族」は泣くことになるのです。

私のセミナーに参加することを施設から反対されたけれど、どうしても参加したかったので、親戚に不幸があったと施設に嘘を言って抜けだして、子どもと一緒にセミナーに参加した障害児のお母さんがいました。施設や病院では指定業者の製品しか購入させてくれないので、施設や病院を移ってシーティングや車いすを購入した障害児の家族もいました。指定業者の提供していない車いすを購入したことで、施設にいられなくなって施設を移った障害児がいました。

彼らは何も悪いことはしていません。このようなことをしなくても自分の求める車いすが購入できる環境ができてほしい、と切に願います。厚生労働省も障害児（者）が自分のほしい製品を求められるようにと指導しています。

福祉機器がもっとも進んでいる北米と日本の違いはここにあるでしょう。北米は完全な自由競争の市場です。まちがった意味での「指定業者制度」がなくなって、日本の福祉業界が北米のように完全な自由競争になれば、業者は自分の製品力や技術力で勝負することになります。北米の福祉業界を見ると、一社が優れた製品を作って多くの人たちに使われると、他の会社がさらに優れた製品を作成する、というすばらしい好循環でまわっています。

この開発には現場のＰＴ・ＯＴ・医師が意見を提供したり、試験的に使用してフィードバックしたり、ということが行なわれています。これが北米の福祉機器を世界最高レベルにした理由だと思います。

日本にも技術力はあります。旧態依然とした関係が変われば、日本の福祉機器は飛躍的に向上すると信じています。

望まれるシーティング・スペシャリストの増加

欧米では理学療法士（ＰＴ）と作業療法士（ＯＴ）の中で、特に車いすや車いす上での姿勢保持に興味をもった人が、専門知識を勉強してシーティング・スペシャリストとなります。だからシーティングの知識と技術は、すべてのＰＴ・ＯＴがもっている専門知識ではありません。

日本でも、ＰＴやＯＴは自由に、自分の好きな分野に進むべきだと思います。歩くためのリハビリも、上肢の機能回復も、呼吸器系のリハビリも、言語のリハビリもすべて大切なことです。しかし日本にはまだシーティング・スペシャリストがとても少なく、特に小児のシーティングのできる人はほとんどいません。

私の願いは、ＰＴ・ＯＴの中からシーティングに興味をもってシーティング・スペシャリストになる人たちが、日本にもあらわれることです。ひとつの施設にひとりのシーティング・スペシャリストがいたら、どんなにすばらしい変化をもたらすことができるでしょう。多くの障害児（者）を救えるすばらしい活躍ができると思います。百人に一人でもいいので、PT、OTの中からシーティング・スペシャリストになる人が出てきてほしいと切に願います。

シーティングを覚えることは、簡単です。しかしそれを駆使して結果を出すには、経験が必要です。「この障害にはこのシーティング」というような方程式はありません。障害は千差万別なので、対応も臨機応変になります。

しかし、**シーティングの基本を考えて対応すればよいのです。骨盤の正しい傾きでの保持、接地面を最大限にとる、関節に過度の力をかけないことなどです。**シーティングの基本をもとにして、患者さんの問題を見きわめて、改善するために適切なシーティングを提供します。これができるようになれば、どんなにむずかしい姿勢の問題をもった患者さんでも助けることができるはずです。

私自身もそうですが、シーティングが提供できるようになって、障害のある方のお手伝いをして、喜んでいただき、感謝されると、そのやりがいにはまってしまいます。自分の提供した技術と機器によってその人の人生を変えることができる仕事なんてあまりないでしょう。その人の家族の人生さえも連動して変わります。こんなに感謝されて喜ばれる仕事は他にないと思います。

さらに、シーティングには即効性があります。すぐにその場で変化を起こすことも可能なのです。このような理由から私のようにシーティングをライフワークにしてしまう人が世界的には少なくありません。日本にもあらわれてほしいです。

いまだに「シーティング＝重度障害者のもの」という考えが多いのも現実です。最初からむずかしい患者さんにとりくんで挫折してしまう人もたくさんいました。まずは高齢者や脊髄損傷者、軽度な脳性麻痺者などの簡単なケースからはじめて経験を積んでいけば、むずかしい症例にも対応できるようになるはずです。

日本では、車いすはＰＴが担当という病院・施設が少なくありません。「ＰＴ＝足」「ＯＴ＝手」と分類している病院もあります。

欧米では、国によっても異なりますが、ＰＴ・ＯＴにかかわらず、興味をもって専門知識を身につけた人がシーティング・スペシャリストになります。日本でも、ＰＴだけではなくＯＴの方も、シーティングに興味をもっていただきたいと思います。

国によっては、ＰＴはＡ地点からＢ地点に行くためのことを教える。ＯＴはＢ地点で何をするかを教える、と考えられています。その考え方によると、比較的簡単なシーティングはPT。より重度な方のシーティングはOTが担当します。脊髄損傷者や高齢者、そして簡単な電動車いすは「動き回る」ということに関連するので、PTが担当します。

反対にあまり動くことのできない重度な障害児（者）のシーティング、特殊コントロールや電動ポジショニングを使用した電動車いすなどはOTが担当します。作業ということを担当することを考えると、特に重度な障害児（者）は姿勢が機能性や作業に大きく影響するので、OTが担当するのでしょう。

このシステムにまるまる従うことはないと思いますが、私が申し上げたいのは、PTだけでなく、OTもぜひシーティングにかかわっていただきたい。OTのシーティング・スペシャリストもあらわれてほしいということです。コンピュータやAT機器の使用を含めて、作業や機能性の向上に役立つことまちがいなしです。

大切なリハビリとのコラボレーション

リハビリの中にシーティングを取り入れてリハビリに利用していただくことで、障害児のリハビリをさらに効果的にできると考えます。

拘縮のところでお話ししたように、たとえば足関節に生じている拘縮に対してセラピストがリハビリを提供すれば、関節がやわらかくなったり、可動性が増したり、少し伸びた状態になったりします。しかし次回のリハビリまでの期間に悪い姿勢で足関節が放置されれば、せっかく改善しかけた拘縮が逆戻りしてしまいます。

そこでリハビリ後の関節を次回のリハビリまでよい状態で維持するために、角度調整式のフットプレートと足部ベルトなどのシーティング機器を使用して、その時点でできるもっともよい姿勢で足を保持して、足関節に過度の力がかからない状態で保持します。そうすれば、次回のリハビリまで足関節の拘縮や変形が悪化することを最小限におさえられるのです。

リハビリとシーティング機器の調整を適切なタイミングで提供できれば、リハビリの効果を最大限にできると考えます。ＰＴやＯＴがシーティングの専門家にならなくても、シーティングとコラボレートすることで、障害児の二次障害の防止にも役立つのです。

軽度の側彎が生じている患者さんに、すでに曲がった姿勢にあわせたコルセットが提供されているのをよく目にします。「側彎は治らない」という観点からなのでしょう。

しかしリハビリを行なえば、多くの障害児の側彎は多少なりとも改善します。今までは車いすが姿勢を保持できなかったので、次のリハビリまでに前回の効果が失われていました。しかし改善された側彎の状態と姿勢にあわせてラテラルサポートや座面の左右のバランスの調整を行なえば、リハビリの効果を維持して次のリハビリにつなげるのです。その結果、少しずつ側彎を改善していくことも夢ではないのです。実際に側彎が改善した例もたくさんあります。

リハビリとシーティングのコラボレーションは、すばらしい結果を出すことができると確信しています。シーティングだけではできないことも、ＰＴ・ＯＴ・医師の協力によって可能になります。

リハビリとリハビリの間、せっかく改善した状態が悪化するのを最小限におさえて維持し、次のリハビリにつなぐのも、シーティングの大切な役割なのです。

望まれる病院での姿勢への配慮

私が参加した欧米のシーティング講習会で、障害児の二次障害の発生に関して必ず話されていたことがあります。それは、最も危険な時期は「成長期」、そして「病院への入院」だということです。

病院に入院中は、その時に抱えている病気やケガなどの治療や処置に人手が集中するのは、当然だと思います。しかし、病院ではベッドに横になっている時間が長くなり、ベッド上の姿勢に関して何も配慮がなされなければ、変形が悪化したり、拘縮や脱臼が発生したりするなど、二次障害の問題があります。いくら適切に車いすとシーティングを設定していても、入院中はそこから降ろされてしまうのです。

私自身、褥瘡の手術や治療で入院した時に、長期間足や股関節を動かすことがなく、リハビリも提供されなかったことで、車いすに起きようとしたら、膝や股関節の動きに制限が生じていて、十分に曲がらなくなっていたことがあります。膀胱癌の手術後には、慣れないエアマットに長期間寝させられていたことで、側彎が悪化しました。

いろいろな人から、「病気や事故で障害を負って病院に入院して褥瘡が発生した」、「化骨が生じて関節の可動域に制限が生じてしまった」などという話を、よく耳にします。

障害児の場合も、入院や手術の後に側彎などの変形が悪化したり、その他の二次障害が発生して悪化したり、という話をよく聞きます。

「退院したら体が硬くなっていた」というのは、関節の動きが悪くなったり変形が進んだりした、ということです。入院しているのがリハビリや整形外科であれば、姿勢について理解のある医師やセラピストが存在することもありますが、姿勢とあまり関係のない科に入院すると、変形などの二次障害が悪化することが多いようです。

医師やセラピストが姿勢について知識があっても、毎日関わっている看護師などのスタッフに知識がないことで、問題が発生していることもあります。

現実的には、病院では疾患の治療や処置が中心であり、看護師はそれらの仕事を優先して行っているので、姿勢管理まで手がまわらないのでしょう。しかし、処置などでベッドを訪れる時に、プラス三分で体位変換はできます。重力の悪影響を受けにくい姿勢について理解していれば、寝かせ方を考慮し、悪い姿勢になっているのを見つけた時に直そうという気持ちになってもらえると思います。

障害児の姿勢管理が徹底されているのは、NICU（新生児特定集中治療室）と一部の子ども専門病院や特定の疾患の病棟くらいでしょう。筋疾患の子どもたちがよく入院する病院では、呼吸機能の改善と、褥瘡予防のために体位変換が行なわれています。

しかしその目的は、特に呼吸状態の悪い子どもに対して、排痰を促すことが中心。呼吸機能の改善と事故防止、そして褥瘡予防のために数時間おきに体位変換することはあっても、側彎などの変形や手足の拘縮予防のために姿勢管理や運動を行なうことは、まだまだなされていないのが現状だと思います。

障害児の家族は、処置のために入院している時は「安静を守らなければならない」＝「動かしてはいけない」と思っていることが多く、病棟のスタッフから「手足を動かしてよい」と言われれば、進んでされる方も多いと思います。病院のスタッフと家族の両方に、姿勢についての知識があることが大切でしょう。

「病院に入院したら二次障害が悪化する」ということが常識だというのは、おかしな話だと思います。せっかく問題がひとつ解決しても、他の問題が発生しては、一歩進んで一歩下がるようなものです。

ぜひすべての医療関係者の方たちに悪い姿勢とその悪影響について理解していただき、入院中、特にベッドに寝ている時の姿勢について配慮していただきたいです。新たな問題が発生せずに退院できれば、治療していただいた疾患によって一歩下がらずに一歩前進できることになります。

望まれるシーティングを実践する医師と医療施設の増加

最近では、多くの病院と医師の先生方がシーティングの考え方に賛同して、予防・リハビリ・治療・術後にシーティングをとりいれてくださっています。その数はどんどん増えており、とてもうれしく思っています。しかしその反面、シーティングや新しい車いすに、まったく目を向けない、受け入れようとしない方もまだまだ少なくありません。もっと多いのはシーティングについて知らない方でしょう。

シーティングに理解を示して、ご自身の治療とシーティングをうまくミックスして活用していただいている医師の先生は、シーティングを自分のツールのひとつとして活用されています。

シーティングで痙性や筋緊張をコントロールできれば、弛緩剤などの薬の代わりになります。シーティングで脱臼や拘縮を防止できれば、手術の代わりや再発防止になります。医療にシーティングをうまくとりいれれば、治療の効果が上がり、必要のない手術や再手術をなくし、最高の結果を提供できるのをご存じなのです。

しかし、これまで私がお手伝いした多くの障害児の家族から聞いた医師の話には、信じられないようなものも数多くあります。

軽度な側彎が発生しただけなのに「絶対に治らない」一点ばりの医師。

診察のたびにレントゲンを撮って側彎の角度を測って記入するだけの医師。

「どうしたらいいですか？」の問いに、「行くとこまで行ったら止まるから」と答えた医師もいたそうです。止まる時とは、肋骨が骨盤に当たってそれ以上曲がらなくなるときのことでしょうか。そこまで側彎が悪化したら、さまざまな二次障害によって障害児は死んでしまう可能性さえあるのですが、悪化の防止については何も教えてくださらなかったそうです。


そのような医師からは、側彎が生じたら「入院して削るしかない」「長期入院して牽《けん》引《いん》して治すしかない」などの言葉しか聞かれなかったそうです。私自身も若いころ日本の病院で、「側彎を治したかったら長期入院して牽引するしかないけど、完全に治る可能性はない」と言われました。

特に障害児の家族をもっとも悩ませているのは、自分のなじみの業者の車いすを購入しなければ判定書を書かない、治療もしないという医師だそうです。そのような医師が今でも存在するとすれば、問題ではないでしょうか。おそらく彼らは車いすにはよい車いすと悪い車いすがあって、それらには大きな違いがあることを知らないのでしょう。だから病院で薬の購入を決めるように、自分のなじみの業者の製品しか使わせないのでしょう。

判定医が複数存在して選択肢のある地域の人は、他の医師に判定書を書いてもらうことができますが、このような医師しか存在しない地域は本当に気の毒でした。悪い車いすによって二次障害がどんどん発生して、変形や拘縮がどんどん悪くなっていくのを見ていることしかできないのです。

シーティングを拒否している医師の方たちには、今まで自分が行なってきたことがまちがっていたと非難されるから方針を変えないと考えているのかもしれません。しかし昔は情報がなかったのだからしょうがなかったのです。シーティングを否定しつづけるのではなく、ぜひ新しい選択肢のひとつとしてとりいれていただきたいのです。手遅れになってしまう障害児は毎日増えています。

車いすやシーティングの効果について知っていただき、ご自身の医療活動に、使用者の体にあった車いすとシーティングを加えることで、治療や手術の効果を上げ、すばらしい結果が出せることをぜひとも理解していただきたいのです。すでに効果を上げている医師の先生たちは大勢いらっしゃいます。

まずは二次障害が予防できること、悪化の防止ができることを理解していただきたいです。障害があればどうせ二次障害は発生すると考えていては何も始まりません。

ＰＴ・ＯＴの方たち同様、医師の方たちとコラボレートしてシーティングを提供することで、治療の効果は倍増しています。

シーティングを知らなかった医師の先生たち、そしてシーティングに目を向けていなかった医師の先生たちにも、ぜひこのメリットを実感していただきたいと願っています。

未来のために心をひとつに

まずは、すべての人が「二次障害は防止できる」と考えるところから始めていただきたいと願っています。

障害児の家族、医師、ＰＴ、ＯＴ、教師、ヘルパー、そして福祉事務所や更正相談所、さらには省庁の方々、障害児に関わるすべての人たちが、「二次障害は防止できるのだ」と理解して、共通の認識をもつことが必要だと考えます。

そしてその目的のために、それぞれの人たちがそれぞれの立場で役割を果たしていけば、本当に障害児の二次障害は防止できるはずです。

そして子どもたちは健康に発育して、楽しく暮らしていけると信じています。

障害をもったお子さんが快適で幸せでいられれば、家族みんなの幸せにつながるはずです。

あとがき

この本の冒頭で申し上げたように、私は医療関係者でもリハビリ関係者でもありません。そのような者がこのような本を書くことはおこがましいと思い、ずっと書くことをためらっていました。しかし専門書を書くのではなく、今困っている障害児の家族に向けたメッセージとして、少しでも役に立てば、ひとりでも二次障害で苦しむ子どもを少なくできればと思って書きはじめました。

私のような素人でも、姿勢のことを勉強して、重力の影響、体に害を与える姿勢と、体を守る姿勢、体に害を与える車いすと体を守る車いすについて理解することで、二次障害に対して、多くの予防や悪化の防止がはかれることが、いままでにお手伝いした多くの障害児（者）の実例と私自身の体験から確信することができました。私がなれるなら、障害児のご家族をはじめ、障害児に関わる方はだれでもそうなれる、と思いました。

私がこの本でお伝えしたいのは、「**二次障害は運命ではない**」ということ、そして「**あきらめないで！**」というメッセージです。それが伝わって皆さんがそれぞれのレベルで積極的な活動をはじめていただければ、うれしいかぎりです。


この本の執筆中に何人かの医療・リハビリ関係者から意見をいただきました。特に私が気になったのは、身体障害の中に二次障害が進行してしまうのが避けられない障害があるかどうかです。それがあれば例外として記載すべきだと考えたのです。

しかし、そのような可能性があるかもしれないと提供していただいたいくつかの障害は、身体的な障害によって二次障害が進行してしまうものではなく、いくつかの特別な情緒的・知的障害により、よい姿勢をとることを拒みつづけてしまう子どもたちでした。よい姿勢がとれずに変形が生じれば、後は悪化の悪循環に陥ってしまいます。

提供していただいた症例はすべて一歳半～三歳くらいの年齢ですでに変形が生じていました。北米のように赤ちゃんの時からシーティングやコルセットなどでよい姿勢を提供して、生まれもったまっすぐな姿勢が保持できていたら、悪化の悪循環に陥らなかったのではないかと考えます。

知的・情緒的な重複障害がある場合は、お子さんからどのようにすれば協調がえられるかがポイントだと思います。一般的な脳性麻痺と知的障害の重複障害では、ほとんど問題なく協調がえられます。快適にしてあげること、楽にしてあげること、緊張をコントロールしてあげることなどで、自分が快適になり機能性が向上すると、知的障害があっても協調はえることができ、よい結果があらわれます。

もうひとつの障害で、二次障害を完全に防止できないのではないかと考えられているのが、先天的な奇形です。奇形の状態や障害の重さにもよっても異なりますが、すでに正しい姿勢をとれない状態で生まれてくる場合もまれにあります。しかし現在ではモールド型や調整型を含め、さまざまなシーティング機器があります。最低でも悪化の防止は可能だと考えます。

私は、どんな障害でも、二次障害の予防や悪化防止に例外はないと考えています。**大切なのは、障害児に関わるすべての人が「あきらめない」こと、「できる」と信じること、早い時期にはじめること、車いすに乗っているときに加え、車いすから降りた**

ときを含めたすべての姿勢について考えることです。

最初は簡単ではないでしょう。だから二次障害は防止できないと考えられていたのかもしれません。しかし英国の障害児のお母さんが言っていたように、姿勢保持を日々の習慣としてできるようになれば、しないことのほうが違和感があると思えるようになるはずです。ぜひあきらめずにやっていただきたいです。

私は、いつでもどんな方でもお手伝いする気持ちです。しかし悪化が進めば進むほど、できることは限られてしまいます。

まずは予防！

そして早い時期での防止が提供できれば、絶対によい成果が生まれると確信しています。

目標は、障害をもったお子さんが二次障害を起こさずに元気に健康に成長すること。ご家族の負担が軽減されて、健康に、ゆとりをもってお子さんと一緒にハッピーに暮らしていけることです。

最初は大変かもしれませんが、絶対によい結果が生まれるはずです。二次障害の発生は障害児の運命ではありません。まわりの人たちが知らなかったことで、適切な対応ができなかったからです。あきらめずに適切な対応をしていけば、未来は明るいはずです。ぜひ進めていきましょう。

この本は障害児の家族向けに書いたものなので、車いすやシーティングの技術的な面は最小限に抑えてあります。この本を読んでシーティングに興味を持たれて、もっと技術的な面を知りたい方は、私が全国で開催しているシーティング・セミナーにぜひご参加ください。障害をもった方の姿勢をシーティングで改善することを仕事にしたい方や、同じ考えを持った会社も、随時募集しています。**ひとりでも多くの方にシーティングを提供できるようになってほしい**。それが私の願いです。

私自身、これからも勉強し続けて、知識と技術力を高めていきます。そして私の会社の社員や代理店の担当者を含め、高いレベルのシーティングを提供できる者をひとりでも多く育てて、日本中の車いす使用者の方に、シーティングによる二次障害の予防を提供したい。この本を書くことによって、改めて心に誓いたいと思います。

最後に、私にこの本を書くことを勧め、応援して、あと押ししてくださった障害児の家族と関係者のみなさま、ありがとうございました。ご自分のお子さんのケースをこの本のために使用させてくださったみなさま、ありがとうございました。この本に掲載した成功例の担当者である私の会社の信頼できるシーティング・スペシャリストである菅原淳、古谷彰則、本間泰博にも感謝したいです。

そして、私のシーティングと姿勢保持の先生がたに感謝の意を伝えたいです。私にシーティングを初歩から教えて、一緒に全国でセミナーをしてくださった米国のＰＴであるジョーン・バジェットさん、ありがとうございました。あなたは私が米国の病院に入院中に私にシーティングを施して姿勢を直し、くりかえし発生していた褥瘡と二次障害を防止してくださいました。あなたの協力なしではシーティングを日本に広めることはできなかったでしょう。

英国のＰＴであり姿勢保持のスペシャリストであるリズ・ゴールドスミスさん、あなたとご主人でありパートナーのジョンさんに習った姿勢保持の考え方が、私の基本的な姿勢保持の概念のベースになっています。あなたたちに教えていただいた多くのことをこの本に使用することを了解していただき、応援してくださり、ありがとうございました。あなたたちと同じ障害児を健康に発育させるという目的のためにこの本を書きました。これからもその目標に向かって進んでいきます。

カナダのＰＴであるシャロン・プラットさんとＯＴのブレンリー・モーグルロトマンさん、私に最新のシーティング知識と技術を教えていただき、ありがとうございました。お二人に教えていただいた知識と技術によってこの本に掲載した成功例はじめ多くの障害児のシーティングを提供することができました。お二人に教えていただいたことはこれからも全国に普及させていきます。

最後にこの本に協力してくれた私の家族と、原稿のチェックをしてくれた友人のセラピストの方たち、何度も読み返して校正を手伝ってくれた大野元さん、カバーと章扉のデザインをしていただいた手嶋正弘さん、そしてこの本を書く機会を与えていただき、編集から出版までサポートしてくださった藤原書店の藤原良雄社長と編集担当の山﨑優子さんに感謝いたします。ありがとうございました。

Gratitude

I' d like to express my gratitude to

Mr. John Goldsmith and Mrs. Liz Goldsmith,

Ms Joan Padgitt,

Ms Sharon Pratt and Ms Brenlee Mogul-Rotman.

John and Liz Goldsmith (PT) taught me the postural care and many ideas, which became essential base of my approach and work today. John and Liz also helped me introduce the idea of postural care to Japan by giving seminars with me. They also gave me permission to use their theories and photos in this book.

Ms. Joan Padgitt (PT) introduced me to the world of seating and positioning. She is the person who provided me with seating equipment which cured my pressure sore when I was hospitalized in the U. S. Joan has also given seating seminars with me in Japan for three years to introduce seating and positioning to Japanese people.

Ms. Sharon Pratt (PT) and Ms. Brenlee Mogul-Rotman (OT) taught me the advanced knowledge and techniques of the latest wheelchair seating and positioning. Sharon and Brenlee also gave seating seminars with me in Japan to spread the seating knowledge and skills.

Without enormous support from these people, I didn' t start my career as a seating and positioning specialist. And indeed, I couldn' t help any children and people with disabilities in Japan.

I' d like to thank them from bottom of my heart.

著者紹介

山崎泰広（やまざき・やすひろ）

1960年東京生まれ。79年、留学中の米国で転落事故により脊髄損傷、下半身麻痺となる。
85年ボストン・カレッジ経営学部卒業。食品会社を経て90年に独立、当時遅れていた日本の福祉機器を変えようと、欧米から高性能なモジュラー型車椅子や褥瘡予防クッションを日本に紹介するため㈱アクセスインターナショナルを設立。93年、褥瘡治療のために入院していた米国の病院で「車椅子シーティング」に出会い、その優れた考え方と技術を日本に紹介するために15年にわたって日本各地でセミナーを開催している。シーティング・スペシャリストとして毎年欧米の講習会に参加して最新技術を学び、障害者の車椅子上での悪い姿勢による変形や褥瘡をはじめとする二次障害の防止のためにコンサルティングを行っている日本のシーティングのパイオニアのひとりである。94年からは重度障害者がコンピューターを使用するための周辺機器やコミュニケーション機器を日本に紹介。障害者の自立支援のために、車椅子・シーティング・電子支援機器に関するコンサルティングとセミナーを全国で展開すると共に、ユニバーサルデザインの考えの基に、リフォームから街づくりまで様々なコンサルティングを行っている。

運命《うんめい》じゃない！――「シーティング」で変《か》わる障害児《しょうがいじ》の未来《みらい》

2008年 5月30日　初版第１刷発行©
2021年 6月10日　初版第２刷発行

著　者　山　崎　泰　広
発行者　藤　原　良　雄
発行所　株式会社　藤原書店

〒162-0041　東京都新宿区早稲田鶴巻町523
TEL　03（5272）0301
FAX　03（5272）0450
振替　00160-4-17013

印刷・製本　美研プリンティング

落丁本・乱丁本はお取り替えします
定価はカバーに表示してあります

Printed in Japan
ISBN978-4-89434-606-2

車いすでも、何でもできる

新版
愛と友情のボストン
（車いすから起こす新しい風）

山崎泰広

方法を変えれば、何でもできる！——この本を読んでいただくと、車椅子の生活となった十代の若者が、多くの人々の友情と愛情に支えられて楽しく生活しているのが分かります。

Ｂ６並製　三一二頁　一九〇〇円
（二〇〇八年六月刊）
◇978-4-89434-633-8

乳がんになることは生まれ変わること

乳がんは女たちをつなぐ
（京都から世界へ）

大津典子

自ら乳がんの温存手術を受けた著者が、京都、オックスフォード、ペテルブルク、ブダペストなど世界各地の患者コミュニティに飛び込み、同病の友たちが互いに心を開き、絆を結び直し、生きる力を取り戻してゆく姿を描く。

四六並製　二四〇頁　二〇〇〇円
（二〇〇六年六月刊）
◇978-4-89434-520-1

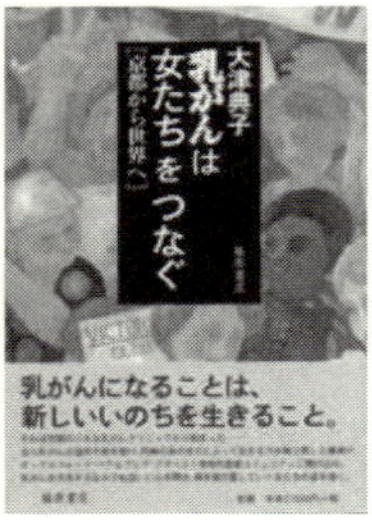

"クローン病"を知っていますか？

クローン病
（増えつづける現代の難病）

Ｊ・ゴメス
前島真理・前島良雄訳

「クローン病」とは、おなかの痛みや下痢、発熱を繰り返す難病。この大変な病気の徴候と症状、治療、食事などを分かりやすく説明する。クローン病を患う訳者が、自らの体験をふまえて訳した、"クローン病とともに生きる"ための本。あなたのおなかは大丈夫？

四六並製　三二八頁　二六〇〇円
（二〇〇七年一一月刊）
◇978-4-89434-603-1

LIVING WITH CROHN'S DISEASE
Joan GOMEZ

身体化された社会としての感情

増補改訂版
生の技法
〈家と施設を出て暮らす障害者の社会学〉

安積純子・岡原正幸・尾中文哉・立岩真也

「家」と「施設」という介助を保証された安心な場所に、自ら別れを告げた重度障害者の生が顕わにみせる近代／現代の仕組み。衝突と徒労続きの生の葛藤を、むしろ生の力とする新しい生存の様式を示す問題作。詳細な文献・団体リストを収録した関係者必携書。

Ａ５並製　三六八頁　**二九〇〇円**
（一九九〇年一〇月／一九九五年五月刊）
在庫僅少◇978-4-89434-016-9

百名の聞きとり調査から活写

現代日本人の生のゆくえ
〈つながりと自律〉

宮島喬・島薗進編

「自律」と「つながり」の間でゆれ、新たな生を模索する日本人の心の実像と構造に迫る、日本版『心の習慣』。**越智貢／上林千恵子／島薗進／恒吉僚子／本間康平／三浦直子／宮島喬／村井実／米山光儀／渡辺秀樹**

四六上製　四八〇頁　**三八〇〇円**
（二〇〇三年二月刊）
品切◇978-4-89434-325-2

企業家・民間人の使命とは

福祉実践にかけた先駆者たち
〈留岡幸助と大原孫三郎〉

兼田麗子

国と自治体による公共福祉が崩壊に向かい、その担い手としてＮＰＯに期待が寄せられる今、明治・大正・昭和前期における公共福祉の二大先駆者、留岡幸助と大原孫三郎を検証し、現在への処方箋を呈示する初の成果。

四六上製　三六〇頁　**三八〇〇円**
（二〇〇三年一〇月刊）
品切◇978-4-89434-359-7

近代日本の〝慈善〟と〝家族〟への新視角

近代家族の誕生
〈女性の慈善事業の先駆、「二葉幼稚園」〉

大石　茜

一九〇〇年、野口幽香・森島峰という二人の女性が設立した東京・四谷の「二葉幼稚園」。その活動は、明治・大正期の救貧事業において、貧困層における「家族」の成立と生存戦略にいかに寄与したか？　二葉幼稚園自身が残してきた史料をひもとき、近代日本の〝慈善〟のあり方に新しい光を当てる。

第10回「河上肇賞」本賞受賞

四六上製　二七二頁　**二九〇〇円**
（二〇二〇年二月刊）
◇978-4-86578-260-8

精神科医と教育研究者の魂の対話

ひとなる
〈ちがう・かかわる・かわる〉

大田堯（教育研究者）
山本昌知（精神科医）

教育とは何かを、「いのち」の視点から考え続けてきた大田堯と、「こらーる岡山」で、患者主体の精神医療を実践してきた山本昌知。いのちの本質に向き合ってきた二人が、人が誕生して、成長してゆく中で、何が大切なことかを徹底して語り合う奇蹟の記録。

B6変上製　二八八頁　**二二〇〇円**
（二〇一六年九月刊）
◇978-4-86578-089-5

「生きる」ことは「学ぶ」こと

百歳の遺言
〈いのちから「教育」を考える〉

大田堯＋中村桂子

生命（いのち）の視点から教育を考えてきた大田堯さんと、四十億年の生きものの歴史から、生命・人間・自然の大切さを学びとってきた中村桂子さん。教育が「上から下へ教えさとす」ことから「自発的な学びを助ける」ことへ、「ひとづくり」ではなく「ひとなる」を目指すことに希望を託す。

B6変上製　一四四頁　**一五〇〇円**
（二〇一八年三月刊）
◇978-4-86578-167-0

「常民」の主体性をいかにして作るか？

地域に根ざす民衆文化の創造
〈「常民大学」の総合的研究〉

北田耕也監修　地域文化研究会編

後藤総一郎により一九七〇年代後半に信州で始まり、市民が自主的に学び民衆文化を創造する場となってきた「常民大学」。明治以降の自主的な学習運動を源流とし、各地で行なわれた「常民大学」の実践を丹念に記録し、社会教育史上の意義を位置づける。　**カラー口絵四頁**

飯澤文夫／飯塚哲子／石川修一／上田幸夫／胡子裕道／小田富英／北田耕也／草野滋之／久保田宏／佐藤一子／東海林照一／新藤浩伸／杉浦ちなみ／杉本仁／相馬直美／田所祐史／穂積健児／堀本暁洋／松本順子／村松玄太／山﨑功

A5上製　五七六頁　**八八〇〇円**
（二〇一六年一〇月刊）
◇978-4-86578-095-6

子どもの苦しさに耳をかたむける

子どもを可能性としてみる

丸木政臣

学級崩壊、いじめ、不登校、ひきこもり、はては傷害や殺人まで、子どもをめぐる痛ましい事件が相次ぐ中、半世紀以上も学校教師として、現場で一人ひとりの子どもの声の根っこに耳を傾ける姿勢を貫いてきた著者が、問題解決を急がず、まず状況の本質を捉えようと説く。

四六上製　二二四頁　**一九〇〇円**
（二〇〇四年一〇月刊）
◇978-4-89434-412-2